常青藤 课堂教学/课堂管理系列

荣获美国《学习》杂志"教师必选"奖

"激励教师组织"推荐书目

[美] 艾玛·麦克唐纳 Emma S. McDonald
戴安·赫什曼 Dyan M. Hershman

如何打造高效能课堂

Classrooms that Spark ! Recharge and Revive Your Teaching

中国青年出版社
CHINA YOUTH PRESS
中青文传媒

图书在版编目(CIP)数据

如何打造高效能课堂 / (美)麦克唐纳，(美)赫什曼著；车蕾，龚锐译.
—北京：中国青年出版社，2011.3
书名原文：Classrooms that Spark! Recharge and Revive Your Teaching
ISBN 978-7-5006-8066-6
Ⅰ.如… Ⅱ.①麦… ②赫… ③车… ④龚…
Ⅲ.课堂教学—教学研究—中小学—美国 Ⅳ.G632.421
中国版本图书馆CIP数据核字(2011)第020045号

如何打造高效能课堂

作　　者：〔美〕艾玛·麦克唐纳　戴安·赫什曼
译　　者：车　蕾　龚　锐
责任编辑：周　红
美术编辑：夏　蕊
出　　版：中国青年出版社
发　　行：北京中青文文化传媒有限公司
电　　话：010-65516873/65518035
公司网址：www.cyb.com.cn
购书网址：zqwts.tmall.com
印　　刷：大厂回族自治县益利印刷有限公司
版　　次：2011年4月第1版
印　　次：2020年2月第10次印刷
开　　本：787×1092　1/16
字　　数：150千字
印　　张：17
京权图字：01-2015-5871
书　　号：ISBN 978-7-5006-8066-6
定　　价：29.00元

目 录

第 1 章
新学年好的开始

我们都知道新学期的第一天是一学年中最重要的一天，在这一天，教师可以形成或者破坏掉自己的班级环境，第一天甚至第一周是最好的机会，可以去营造一种相互尊重、相互理解的班级氛围。我们应该让学生们回家之后仍觉得学习像是游戏挑战一样充满乐趣，并且能够对教师的期望有一个清晰的认识。

这就像是点火需要火柴，火才能被点起来。如果火柴不好，那就别想点着火。开学第一天以及第一周做的事情，就像是要点火的火柴。如果想要学习的火花变成熊熊烈火，那你就必须有一个好的开始。这一章主要讲述帮助引燃火花的方法和策略，其中的一些想法都不陌生，因此我们认为教师将会从中找到一两个可借鉴的地方，帮助点燃班级学习的火焰。

布置教室

教室的布置能反映出教师的性格特征和教学风格，您的教室体现了您什么特点呢？

同一间教室每年都要迎接不同的孩子，因此即使是同一间教室每一学年的布局都会有所变动，来适应不同学生的需要。如何布置教室呢？看看以下步骤。

◎ 在纸上勾勒出教室轮廓，制作成完整的图纸。

◎ 想想去年这间教室的布局是否合理，有什么利弊，是否在此基础上做必要的变动？

◎ 教室整体布局怎么样？学生朝哪边？窗外情况怎样？投影仪屏幕、讲台、黑板位置怎样？如何变动才不影响这些教学设施的使用？

◎ 将变动的位置在图纸上标出来。

◎ 试试重新布置教室，看看新的布局效果如何。

怎样判断教室的布局需要变动呢？参考以下的问题就知道了。

◎ 现在的布局是否合理？如果不合理，是否需要变动课桌椅的摆放或小组的划分。

◎ 讲课需要用到讲桌吗？有讲桌教学是不是更方便？

◎ 教室里怎样摆放桌椅，教师才能方便走动及时与学生交流？

◎ 如遇火灾、地震等突发事件，怎样快速疏导师生到安全地带？

◎ 是否有必要在教室里开辟出“作品欣赏”、“图书角”、“学习园地”、“艺术画廊”、“会议室”等，来丰富学生的校园生活？

◎ 教室里需要电脑吗？如果需要，电脑安装在哪里合适？

◎ 讲台布局怎样？讲桌、抽屉的位置如何？讲桌上的练习册、作业本是否好放好拿？讲台上教师能否看得清每个学生的举动？

无论是小学还是大学，教室布局营造的气氛如同教材教法一样重要，这一点广大教育工作者都要考虑到。教室的布局氛围包括班风、学风、班规的制定，课桌椅的摆放，“图书角”、“学习园地”等的设计和其他装饰等等。这些因素处理得好，教室里的氛围就好；反之氛围则会变差。

随机的安排座位

制定班级的座次表，随机的安排座位将会给教师一个很好的想法，学生应该和谁挨着坐，不应该和谁挨着坐。这里将介绍几种方法。

1. 用不同颜色的纸裁剪出一些正方形，然后将这些正方形叠放在一起。一种颜色代表一张桌子或者一排桌子，准备足够多种颜色的正方形来代表那张桌子或者那一排桌子，把每一种颜色的正方形粘在每一张桌子上或者每一排的第一张桌子上。当学生进入教室的时候，向他们打招呼，然后让他们从一个包里或者篮子里面抽出一个正方形，根据正方形的颜色，他们的座位就确定了。这是一种组织好的给学生安排座次的方法，但却是随机的，而且允许有一定的选择。因为学生只要一进入教室就能完成，因此也是耗时比较短的。

2. 如果你要四人一张桌子或者一组地来随机安排学生座次的话，那另外一种方法就是使用四种花色的扑克牌或者游戏数字牌，这种方法操作起来也像有颜色的正方形一样。

3. 用一个队名给每一排来命名。准备好带有队名的卡片，当学生们进入教室的时候分发给他们，也可以用科目类别词汇或者和科目类别有关的物品名来命名。

4. 可以使用著名的数学家、科学家、历史人物或者历史事件、当代事件，这一学年中将会读到的小说、化学元素、物理规则、画家的图片，或者任何与教授的科目有关的一切事物。

5. 给刚开始的课堂增加点乐趣，让学生们坐在任何他们想坐的地方。上课铃响之后，分发给学生们一组小谜语、诗歌、有挑战性的数学方程题，或者一系列提示词语，这些谜语、诗歌、方程题或者提示词语要足够多来对应每组里面的排数、桌子数和座位数（例如，六组谜语，每组有五份）。当学生解决了这些问题，得到了答案，他们就可以在教室的每排或者桌子上找到答案。

这不会在开学第一天引起混乱吗？当然会的，但是新学期第一天无论怎么样本来就混乱。这将会比较有趣并且使学生们进入学校的状态吗？明显是会的。

对于小学生来说，也可以使用同样的方法，但是给每张桌子剪出不同的图形，或者用裁纸机裁出一些动物、星星或者其他的东西。考虑使用将要学习的第一单元中的一些图形，来介绍并加深那些将教授的概念，把这些图形粘合在一起，以便于他们在整个学年或者以后的时间里可能会用到。

这些卡片被混放在一起是为了取得随机的效果。一旦学生的座位确定下来了，给他们每人发一张带有名字的标签，让他们可以贴在自己的桌子上。当学生给他们自己的桌子贴上标签时，也同时成就了学生们的自豪感。

欢迎学生们的想法

在每张桌子上准备好一个迎接的小包，里面装上一张空白的桌子名签，一张写好的便条，一颗薄荷糖或者铅笔，以及任何想获得的关于学生的信息。对于比较小的学生来说，一旦他们坐好之后，教师可能就需要给他们分发提前写好的名签。这个小包里，可能也有一封给学生带回家给他们父母读的欢迎信（详见本章后附表“致家长的一封信”）。

将欢迎信息打出来，然后用不同鲜艳颜色的纸复印出来，这将是一个和学生打招呼和欢迎他们进入班级的很好的办法。教师甚至也可能考虑把一张学生信息表印在一张亮黄色的纸上，让他们坐下之后可以尽快地开始填写（详见本章末附表“学生信息表”和“关于我的一切”两张表）。

尽管名签在小学阶段被使用的比较多，但同样也能更好地帮助中学老师在第一周了解学生的一些情况。教师可以使用扑克牌纸（或者一张5×7厘米的卡片），把他们的名字写在上面。这将会是一个很好的方法，帮助教师在第一周左右叫出他们的名字。然后让学生们把这些卡片折放在活页夹或者个人在教室的抽屉里，准备好下次上课的时候使用。

在每个座位上都有欢迎学生进入你的班级的一张便签盒、一颗薄荷糖或者一根铅笔。

教师可以打出来一条欢迎信息，并在演示板或者黑板上展示出来。为了使之看起来很生动，可以使用幻灯片中现有的动画图像，并配合一些多彩的背景和文本。

教师也可以增加一些神秘性，要求学生找到欢迎横幅或者网上欢迎信中隐藏的信息和图片。这个信息和图片可以和要教授的科目有关，也可以和学习中的第一个话题有关。

新学期第一天的安排思路

把上课时间穿插安排在规定流程、班级目标和兴趣小组的建立或者入门活动之间，另外再花费一些时间来讨论制定对学生个人品质的要求，比如“我相信你能在课堂上展现出最好的美德”或者“诚实和守信是我最看重的品质”，也可以让学生们写下对他们来说比较重要的品质特征和生活技能。高年级的学生可能会写一篇他们价值标准的个人陈述，这可能是一个个人愿望陈述，将会帮助教师更好地了解每个学生。

下面是为迎接新学年开始的其他一些想法。

◎ 把日程表张贴在海报上、楼上、演示站或者班级板报上，并且给出解释。学生们都想知道这一天他们需要干什么，在开学前查看到这样的消息也能够阻止学生们频繁地询问“什么时候是午饭时间”、“然后做什么呢”等等。如果教师遇到了这样的提问，那么只需要说“看日程表”，这将省去很多的课堂时间。

◎ 中学老师还可以把课程日程写在黑板上，让学生们依照并且可以查看学期教学大纲。教学大纲应当概述为在规定的日期前需要完成的作业和课题，这将对学生做好准备进入大学或者假期学校有所帮助。

◎ 在学生因为任何理由离开你的教室之前，向他们解释清楚在走廊里的规则和行为规范。

◎ 在午饭或课间休息之前，向学生们重申食堂和运动场行为规范。

◎ 当展示学生们的作品的时候，他们是会觉得受到鼓舞的。开学

给教师的小贴士

在开学第一天展示学生的作品将让他们感觉到被重视，可能这对你来说并不是意味着那么多，但是我们的学生们却希望看到我们很看重他们在教室里面完成的作品，年龄小点的学生尤其喜欢看到自己的作品被贴在墙上让众人参观。

第一天就让他们做一些活动，这样就可以马上在教室或者走道里悬挂起来展示。

◎ 让学生们在学生信息表上填写所有必需的信息。

◎ 重申要求和期望，这将包括对家庭作业的要求、日常作业、小测试和测验信息的要求。也可以提供一张公告单，这张公告单将给学生们提供一个班级网站，在这上面，信息整年都将被公布。提供给学生一份这样的材料让他们带回家，将是非常有用的。

设置目标

设置目标是非常重要的一个活动，因此必须在开学第一周完成。让学生们想几分钟后，让他们快速记下他们为整个班级或者为自己这一年所设置的目标。然后环绕整个班级传递，让每个学生单独地和班级其他同学分享这些目标。最后将同学们的目标收集在一起，形成一个班级的学习目标列表。

利用学生们设置的目标，帮助你来更好地了解他们，而且也可以帮助你设置自己一年的教学目标。然后马上把这些目标张贴出来或者打印出来，让每个同学手中都有一份。

第一天课堂导入的方法

在学生第一天进入课堂的时候，用小活动来辅助导入是一个很好的想法。这就会形成一套程序，让学生们关注于任务热身，或者每天课堂开始时开展小活动。这也可以使学生们在你和焦虑的家长、迟到的学生谈话时不那么无所事事，同时让你为第一天的管理任务做好准备。这里有一些简短有趣的小任务，学生们一进入教室就可以让他们去做。

◎ 姓名卡。给学生半张白纸，引导他们制作一张姓名卡。名片必须色彩丰富、有创意，并且要将整张纸填满。学生可以设定一个主题，比如最喜欢的东西或者家庭。将要求写在黑板上（将蜡笔和纸准备好），学生做完之后将名牌挂起来，或者将姓名卡制成薄板第二天挂出来。这也是在第一天装饰教室的一个简单又生动的方式。

◎ 日志主题。选择一个生动有趣的日志主题，将其写在黑板上，让学生写一段话并进行说明。

◎ 学生趣事。准备一张纸，问学生们不同的问题，了解每个人的小趣事。比如：你所做过的最疯狂的事情是什么？你去过的地方里面，哪里是最奇特的或最不同于其他的？你所起过或听过的宠物名字里最怪异的是什么？你的名字有什么含义？

◎ 学生信息包。你的欢迎包裹应该包括一张学生的信息表、一个有趣的故事和一页等待上色的纸，中学生的包裹可能只包含一张要填的学生信息表。

◎ 彩色纸。这些活动针对的是比较小的学生的，做一些呆板的填字游戏和书本也是这样，低年级的老师要准备好几个小活动给班里的学生使用。

◎ 难题或挑战。不仅仅是在第一天，每次上课开始时这都是一个有趣的导入方式。大部分学生享受填字游戏的挑战，并且觉得很有趣。这种类型的活动可以刺激大脑和启发更高水平的思维技巧。

◎“告诉我你所知道的”。教师想出一个小活动，来帮助确认学生对于第一单元课程的基础知识掌握程度。这个活动可能包括一个找字游戏或者填字游戏、日志主题提示，以及关于信息的一个网络平台，其中只有核心部分已经完成。教师可能希望把小活动搞得比小测验更有趣一些,因为这是课堂上的第一个活动,同时预设目标仍然可以达到。

◎ 制作漫画。用一块空白的模版分成三到四个方块，让学生制作漫画。这样可以显示出整个夏天他们最喜欢的事情，他们对拥有一位新老师的感觉，他们最喜欢的书，在课堂上他们想要学习什么，或者其他一些教师希望他们在第一天思考的问题。

◎ 创作头像。让学生画一幅画用作他们在教室里的头像。学生可以给画上色，使其看起来更有趣。将这些头像扫描到电脑上，这样学生就可以将其用作网站或博客的头像。

经验分享

在你与家长谈话的时候，使学生处于忙碌的状态，并且照顾好教室管理的任务，给学生一个好的开始。

互相认识活动

这里有一些可供教师最初的几天甚至几周开展的活动。

◎ 投球游戏。让学生围成一个圈，一个人站在中间。中间的学生将球轻轻地扔给另一个学生，在扔之前必须叫出他的名字。拿到球的学生再轻轻地将球扔给下一个人，扔之前叫出其名字。如果没有人知道别人的名字，在游戏之前首先做个基本的介绍。学生们必须在五秒钟之内将球扔出，否则就出局。如果一个学生叫错了别人的名字，那么他将代替站在中间的人。这是一种快步调、有趣的互相认识游戏，特别是对于年龄大点的学生。

经验分享

让学生觉得受到重视的一个方法就是记住他们的名字，姓名游戏是一个很好的方法，可以让你从开学第一天就记住学生的姓名。学生们在重复名字的时候，你也在重复，在每个学生的游戏环节你也在心里默记。当你默记每一个人的名字的时候，看清楚每个人，这样可以将姓名和人一一对应。当轮到你时，你已经在脑海中默念了每一个人的名字很多遍了，所以很容易在第二天记起他们的名字。

◎ 抢座位游戏。给教室里所有的人准备足够的椅子或桌子，所有其他的椅子和桌子都移出教室（需要注意这点），由教师开始游戏，讲出自己的一个特征或事情——比如，蓝眼睛、穿着红色衬衫、生日在九月、出过国等等。所有符合这个特征的学生要站起来去找到一个新座位，他们不能坐在近旁的空座位上。老师，要把空椅子占住，这样就迫使一个学生站着。那个学生此时就成了说话者，必须说出自己的一种特征或一件事。这些特征或事件可以按照说话者的意愿具体或笼统，说话者不能重复前面说过的特征或事件。每一轮游戏之后，就会有一个人没有座位。每个说话者要在选择特征和事件之前说出他们的名字，作为一个介绍。一直进行游戏直到所有的学生都有机会做说话者或者经过一段具体的时间。定好定时器，确保游戏在指定时间内完成，因为游戏可能会进行得过于热烈而超出了预定时间。

◎ 糖果游戏。传递一只装满了糖果的大的宽口瓶或罐子，告诉学生在传递过来的时候拿出一些。你要告诉他们不能拿超出一把的量，并且在你允许之前不要吃那些糖果。在所有学生都拿了一些糖果之后，每个人必须在吃之前为所拿的每一个糖果讲一件关于他自己的事。这是一个很有趣的游戏，当学生为了手里每个糖果绞尽脑汁想小细节时，通常会发出很多笑声。

◎ 配对。把你的学生按照数目配对。比如，如果你有30个学生，那么你需要15对人或者物体。用标签在每个学生背后写上一个人名或一个物体的名称，学生不知道是谁或是什么。每个人都要在教室里来回走动向其他人提出是或否的问题，来判断他们自己是谁。比如，“我是一个人吗？”“我死了吗？”“我是虚构的吗？”“我是在房间里面使用的吗？”猜到自己是谁或是什么的学生接着会找到他的搭档。下面是一些搭配的例子。

花生酱/果酱	爱因斯坦/$e=mc^2$
牛顿/万有引力定律	汉娜·蒙塔娜/麦莉·赛勒斯
本生灯/量筒	云/雨
地震/构造板块	爱玛/简·奥斯汀
巴顿/二战	哈利·波特/J.K.罗琳
保罗·里维尔/美国独立战争	圆/球

一旦配好对，学生就着手搭档互访，这是使学生获得搭档的一个有趣的、随机的方式。

◎ 搭档互访。学生与他们不认识的人组成搭档或被搭配在一起。将全班看成一个整体，先提出几个问题进行大脑风暴测验，学生们互相访问。所有的人都完成之后，每个人都要站起来向其他人介绍他的搭档，并且和大家分享此人的趣事。这个小活动一般用于中学的教学模式。

◎ 小组活动。让每一个学生集中思考两三分钟，列出他们所属的不同小组，这些小组包括所有可以划分学生不同类别的根据，比如：

女儿	非裔美国人	德克萨斯人

儿子	学生	足球运动员
钢琴家	保姆	顾客
基督徒	修女	朋友

确保用教师所属的小组为例解释给学生，帮助他们进行思考。每个人都拿到名单之后，教师一边在教室里走动，一边让每个人介绍他自己，并介绍他所属的小组。让学生认真听，找出名单的共性。

这是一个很好的活动，可以引导大家对于包容性、对差异的接受度，以及对于共性的关注等等与友谊紧密相关的因素进行讨论，同时这也能很好地帮助教师认识到学生的不同长处和才能。

团队建设活动

下面列出的活动给学生提供了一个在小团体里互相认识的机会，并且在学生中形成一种团队精神。团队活动也给学习互助小组的建立做了准备，互助小组是一种很有效的学习策略，要求学生在一个小组内一起合作。

假设问答

这个活动对于了解每个学生的性格很有帮助。在活动中，所有的学生都要回答问题并将答案与其他同学进行分享，比如：

◎ 如果你是一辆车，那么你想做哪种车？

◎ 在你生气的时候你和哪种动物相像？

◎ 如果你是一只虫子，那么你是哪种虫子？

◎ 说出一直能让你微笑的事物。

◎ 如果你想成为某个人，那个人是谁？

年龄大点的学生可能比较喜欢回答这种类型的问卷，注意确保问题都是合适的。

问题剧本

一个班级学生合作通过问“是”或者“不是”这样的问题，找出“发生了什么”或者“为什么发生”的答案。比如：“一个男人在回家的路上看到一个戴面具的人向他走来，于是他转身跑了。”学生可能会问：“第一个人是不是害怕第二个人？”要用是或者否来回答每一个问题。回答“是”比其他答案都更有用，比如，如果答案是“不，这个人并不害怕”，那么学生也就没必要问他是不是个盗贼了。问题的数目没有限制，除非设定一个上限，目的是让学生在听每个人的问题之后运用逻辑思维思考这些答案如何改变或影响他们对于剧本的理解，这种类型的活动可以启发更高水平的思维能力。

这个例子的答案是一场棒球比赛：这个人正在跑向本垒，捕手正拿着球向他走来。这种类型的剧本一般被叫做故事逻辑问题或短时间的谜。

在网上和关于逻辑游戏的书上都可以找到这些剧本。注意所问问题的类型，或者可以将问题改动修饰一下使其适合所教学生的年龄，并且适合学校。

老鹰捉小鸡游戏

这个游戏中一个人扮演捉小鸡的老鹰，其他的每个人都是一只小鸡。老鹰努力地去捉小鸡们，每个小鸡都必须躲在教师后面。当一只小鸡被捉住之后，他就要单腿站立并且要拍动翅膀，喊：“救命呀！救命呀！”如果老鹰捉住了所有的小鸡，那么老鹰是赢家；反之，如果老鹰一只小鸡也没抓住，那么就是小鸡胜利了。

圆圈游戏

游戏规则介绍：

1. 画九个圆圈排成一排。

2. 每一队的四个学生站在排尾的四个圆圈里，两队之间画上一个空圈。

3. 假设一个队来自木星，一个队来自于火星。告诉两队队员在两个星球之间有一座桥，他们穿过桥就可以到达另一个星球。如果他们从桥上掉下去，将会掉入太空中。

4. 每个队的目标就是，在脚不接触地面不走出圆圈的情况下与另一队交换位置。

游戏玩法：

站在圆圈中，如果有人的脚触到圈外，那所有人都要重新开始，一次可只绕着一个人跳来跳去，也可以只绕着其他组的人跳来跳去（不围绕本组队员）。你必须要从你所在的地方跳到一个空圈里去，当队友掉下去了（没有人可以动了），你可以一步跳到一个空圈里时，你必须重新开始。第一个胜利完成的组要向其他小组展示胜利。

关于圆圈游戏的解答：

仔细阅读下面内容，在实施这项活动前，先在纸上画图设计一下。

给每个小组用A1–A4到B1–B4都标上标签。

A1开始跳　　B1跳到A1的位置上

B2开始跳　　A1跳到B2的位置上

A2跳到B1的位置上　　A3开始跳

B1跳到A3的位置上　　B2跳到A2的位置上

B3跳到A1的位置上　　B4开始跳

A1跳到B4的位置上　　A2跳到B3的位置上

A3跳到B2的位置上　　A4跳到B1的位置上

B1开始跳　　B2、B3、B4都跳到同一个方向去

A1、A2、A3、A4跳入最后的地方

画外星人活动

把学生分成四个人一组，每个组员选择不同颜色的笔，每组发一大张白纸，组员们要在没有商量的情况下画出一组外星人，而且只能用自己选的笔画画，不能交换使用。教师应给此活动规定一个时间，2~5分钟最好。

在他们完成的作品里，教师会发现有些颜色比其他颜色用得多，有些颜色使用较少或者根本就没使用，让学生自己选择支持哪种颜色的同学画得最好。从这个游戏的现象中逐层深入，引导学生注意把握自己在团队中的角色。在每个团队中都有领导和下属，谁是领导呢？这个活动的设计目的就是向学生展示交流与合作的重要性。

沙漠求生

把学生分成小组。每个小组发一张活动表，假设学生已陷在沙漠中（见本章末“沙漠生存”的活动表）。每个组都有一张现有材料的清单，学生必须选择有限的材料挑战沙漠生存。注意一定要是最优的选择，这是一个让学生实行团队合作的绝佳活动。

设计团队活动

把学生分成若干组，给他们一些材料，这些材料都是关于课上学习的单元内容或主题。教师可以为学生提供两到三种材料，让他们设

计出许多完美的建筑，比如教室、自助餐厅、体育馆或者操场等等。在这个活动中小组成员需要像一个整体一样去合作，因此教师应给他们足够的时间。

结　语

开学第一天和第一周就像是生火的火柴。虽然上学的第一天总是让人兴奋，但教师适度的严厉也是非常重要的。如果学生们看见一位手忙脚乱、做事没有条理的老师，那这一整年的形象在他们心中就定型了。教师制定的规矩制度很全面很严格，虽然这些不会先入为主地在他们脑海里留下深刻的印象，当他们看见站在讲台上的老师工作有条不紊，胸有成竹，处处为学生着想，他们也会积极创造一个热爱学习的班集体。总之，开学第一天就是那根点燃学习激情的火柴。

附表1 致家长的一封信

家长朋友：

您好！很高兴今年您的孩子在我的班中学习，我有信心我们将度过充实而快乐的一年。我希望在这一年中我们能够经常交流。

对我来说，与您的交流是十分重要的，所以请您有问题时想法及时与我联系。您孩子的教育和健康是我今年的首要任务，我希望能与您和孩子一起愉快顺利地度过这一年。

在虚线处剪开，填好后将下联递交回执

学生姓名：__________ 家长姓名：__________

电　　话：__________ QQ或MSN：__________

手机号码：__________ 电子邮件：__________

列举出您孩子的特殊爱好，体育活动，兴趣：

____

请列出会引起您孩子过敏的食物或物品：

____

列出您的孩子正在服用的药物，这些药物可能会影响他在课堂上的表现：

____

您还有什么特殊的说明或意见来帮助我与您的孩子更好地度过今年？

____

附表2　学生信息表

姓　　名：________________

地　　址：________________　　电话：________________

母亲姓名：________________　　电话：________________

电子邮件：________________

父亲姓名：________________　　电话：________________

电子邮件：________________

监护人姓名：______________　　电话：________________

电子邮件：________________

兄弟姐妹及其年龄：________________________________

出生日期：____

爱好：

运　　动：________________　　食物：________________

书　　籍：________________　　电影：________________

电视节目：________________　　学科：________________

在课余时间，我喜欢：

我喜欢收集：______________________________________

我喜欢玩：____

我喜欢读：____

有何特殊兴趣或爱好？如果有，请写下来。

____

____

____

____

附表 3 关于我的一切

我最喜欢

运　　动：________________

书　　籍：________________

电视节目：________________

歌　　曲：________________

颜　　色：________________

电　　影：________________

我的兴趣

爱好：________________

旅游去过哪些地方：________________

____

未来想从事的工作：________________

____

我的愿望

我想去旅游的地方：________________

____

____

对自己的一个愿望：________________

____

对世界的一个愿望：________________

____

____

附表4　开学第一天核对清单

确定学生到校后座位已经安排好。

知道家长和学生到校时如何与他们打招呼。

在每张桌上放上一支铅笔、一块薄荷糖或其他小物件，再加一小段留言，欢迎学生的到来。

黑板上已标清日期、教师姓名、当天安排以及需注意事项。

教案详细，上课胸有成竹。

学生花名册在教案里。

学生出勤表也已经放在教案里。

已经想出妥当放置学生学习用具的办法。

发给学生的材料也已经准备好。

今天需要的资料：

附表5 沙漠求生

你乘坐的小型飞机被迫降在北非的撒哈拉大沙漠上，所幸机上乘客都很安全。即使是走到最北边的小城也得花三天。

大家都被困在沙漠里，必须拧成一股绳。现在你必须从下列事物中选出7样随身携带。请同学们说说依据什么选择生存工具，注意理由要充分，要有说服力。

沙漠生存工具箱

一面镜子	一件长袖夹克
一个降落伞	一把雨伞
一支铅笔	一枚安全扣
一盒火柴	电视指南
两罐饮料	指甲刀
剪刀	一个指南针
一台电扇	一台便携收音机
一支牙膏	一箱矿泉水
一张10元纸币	一张弓和一支箭
一本数学书	一盒苏打饼干

第2章

课堂教学新思路

在开学之初，教师应该仔细思考，认真计划和准备好班级管理的方式和手段，并精心为自己的新教法新举措做好前期准备工作，运用新的教学理念和教学方法往往能很快让学生的学习热情重新燃烧起来。所以我们想想能不能让课堂体现21世纪高科技的特点，最近也学学什么新的软件程序，用科技充实自己，让科技的发展体现在课堂上。

大胆尝试新教法

全新的教学方法不仅能让老师信心倍增，而且还能充分调动学生的积极性，收到事半功倍的效果。想要课堂变得与众不同，老师们要做到：

◎ 坚持不断学习，多涉猎有关书籍，开卷有益，不断获取新的理念和教学方法。

◎ 找出让你耳目一新的教学理念。

◎ 仔细斟酌怎样实施，才能既达到改善班级的目的，又符合学校有关课程的规定。

◎ 借鉴众人的智慧，将教学新理念通过某种手段运用到课堂上。需要注意的一点就是：不要频繁使用，否则由新变旧，对学生没了吸引力。发挥主观能动性，做好前期准备工作。

如何营造良好的学习氛围

在教室门上贴一条温馨的标语或鼓励口号，学生还未走进教室，在门口就立刻笼罩在一片亲切温暖中，他们一定乐于再次攀登知识的高峰，体验成功的喜悦。

◎“欢迎来到……”

◎“为学习插上翅膀”

◎“在×年×班开发知识的宝藏”

◎“学习就是胜利”

◎“知识=成功”

◎“用智慧征服世界”

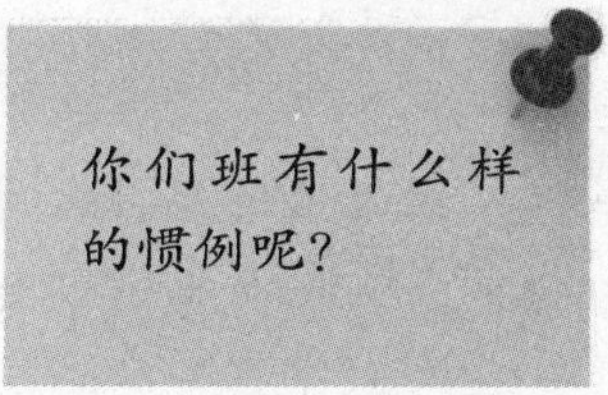

除此之外，教师应用微笑迎接每个走进教室的学生。

在班上制订什么惯例呢？例如每天固定几点有什么游戏或每周几举办什么班级活动，这样学生们一定怀着兴奋期待走进您的教室。下面是一些可作为班级惯例的活动。

◎ 每周五表扬班上的好人好事。

◎ 只要遇到故事类题材的文章时，让同学们介绍一下作者。

◎ 某老师在每堂课的最后，都会来一首滑稽搞笑的歌。

◎ 每周给学生留个谜语猜。

◎ 每周举行一个颁奖会，给一周里学习进步最大的学生发奖品，以资鼓励。

此外，学生良好的道德品质也值得表扬，比如在“文明礼貌周”表现最有礼貌的学生，以鼓励学生在学习和道德两方面的进步。

教室里墙壁的作用也不容忽视。经常收集一些发人深思、富于教育意义的小故事、笑话或者智力题等贴在墙上，种类不限，但有一点要注意的，这些材料要符合学生的年龄阶段特征和认知水平，例如：

◎ 励志类

◎ 美文欣赏借鉴类

◎ 小幽默故事类

◎ 倡导举止文明、礼貌待人类

经验分享

用带盖的塑料盒存放剪刀、蜡笔、磁带、数学教具以及其他物品，在盒上标上书桌编号或者学生姓名，方便学生快捷找到该小组的储物盒。

培养学生组织能力

在学生的求学生涯中，组织能力是一项重要的生活技能，需要不断地学习加强。教学生如何设计板报，如何正确使用文件夹、资料夹、门锁及书桌是非常必要的。学生踏入校园前，即使是年龄稍大的孩子对于这些技能也掌握甚少。因此在学年初，培养学生这方面的技能是教师课堂内外的工作重点。

组织能力是班级管理的关键因素。

板报主题建议

在班级文化中，板报扮演了重要的角色，每年的板报都有一些屡试不爽的主题，比如元旦、国庆、中秋等。无论是学前班还是初高中，主题与众不同的板报总会吸引来不少学生的目光。

另外，教师还引导学生参与到板报的设计中来，让他们学会搜寻资料，自己动手完成一期板报，从而进一步培养学生的思考力和创造力。

适用于各年级段的板报主题：

◎ 校园班级发生的新鲜事，小区里的新事，或者国际新闻。

◎ 全班生日表，记下每个班级成员的生日。

◎ 挑战智慧，搜集一些智力题，活跃学生大脑。

◎ 宣传举止文明，礼貌待人。

◎ 介绍名家名作，让学生了解名人生平，同时将他们知道的名人事迹展示出来。

◎ 历史名人，历史上有名的数学家、科学家、艺术家、音乐家、体育健将等。

◎ 各种职业的介绍。

◎ 紧跟课程，强调突出所学内容。

◎ 展示学生优秀作品。

◎ 聚焦班级杰出人物，展示他们的作品。

◎ 猜猜这是谁？贴上班级中某位同学的婴儿照，附上一点提示，其他同学猜猜到底是身边的哪位。

◎ 这一学年的班级目标。

◎ 班级口号。

◎ 语文课本中每单元的主题。

◎ 展示文笔优秀、立意新颖的写景日记或作文，激励其他学生提高写作水平。

学生记事夹

新学年伊始，教师应在课堂里引入一种井井有条的班级管理模式，这是非常重要的。要做到这一点，可以教学生亲手制作一个科学合理的个人记事夹，以下是几条建议。

◎ 将各项作业的上交日期放在记事夹的首页。

◎ 将校规或班规、规章制度、教学大纲放在作业上交日期的后面。

◎ 将记事夹分成几部分，按照各学科教学顺序贴上学科标签。

◎ 鼓励学生用小圆规来划分记事夹中学科的各个部分，标注各个功课。

◎ 小圆规也可以用来划分家庭作业和上交作业之间的区别。

定期查看文件夹很重要（每六周查看一次即可）。学生如果能合理安排记事夹，教师可适时奖励，激励他们更科学有效地安排和使用。

口袋夹

除了记事夹之外，学生在教室单独再准备一个口袋夹也很实用，不同颜色的笔标注各项任务或各个学科，一目了然。以下是口袋夹的不同用途。

◎ 写日志。学生可用平头钉将纸固定在夹子中间，这样就可以把日期和每天的事项记下来。鼓励学生一页纸写完了再开始新的一页，注意节约纸张。

◎ 记录学习心得。课堂笔记可以记录在笔记本上，之外的心得可以记在口袋夹里。

◎ 记录重大事项。所有搜集来的数据资料或手稿都放在前面的口袋里，一眼就能看出事项完成进程。最终定稿放在中间，而其他大小不一的纸放到后面的口袋里。

◎ 按学科区分。无论你教什么学科，口袋夹都能帮助学生方便地记下笔记、任务进程和已完成的作业或事项。

尽管在课上学生不是每次都会用到口袋夹，但是它不仅能帮助学生将一学年的学习任务计划都进行得井然有序，还能让家长清楚地看到学生的进步。

书面作业文件夹

将学生的书面作业都整理到文件夹里，这样他们在整个学年中写作能力是否提升就能体现出来。一个基本的书面作业文件夹里会收录学年末学生需要复习的材料。在之后的章节里，我们会讨论这类文件夹的作用，并提供范例。

综合文件夹

这个夹子里东西可谓五花八门，学生可自主决定将某个学科的某次作业交到这里。当学生往里交作业时，需要在作业上贴上一个3×5表格的分类卡，注明这份作业是否为该学生最好的一次作业，是否已经完成，或者是否只是他们学习进步的一个具体展示。

缺勤记事夹

当班里有同学缺勤时，老师可安排一个小助手（有时也可能是老师本人），记下家庭作业、课堂笔记或者其他课上涉及的重要信息，整理好放到这本记事夹里。小助手会把表格“我们想你了”和课堂讲义一起放在缺勤学生的桌上（详情请见本章末附表“我们想你了”）。

这本记事夹里的信息也可以上传到班级网站里，或者直接发到缺勤同学的电子邮箱里。

学生信息夹

学生信息夹为教师专用，里面记载着学生和家长的通讯记录以及学生行为表现材料，这些都是保密的，因此老师应妥善保管。

信息夹中的资料还应在电脑上存档，包括学生家长的电子邮件地址、电子表格、学生作品样本和其他可通过电脑传送的信息。另外，文本部分记录着学生有无拖延作业、有无缺勤、评分等级和纪律表现，以备家长会或其他需要时使用。

更多妙招

多页书夹有时比口袋夹更有用。学生可根据不同的学科将书夹分成几个部分，用来记录各个学科的学习日志、材料、笔记或其他资料。

初中的老师可建一个全班文件架，每个学生有一个单独的记事夹，平时把笔记本、学习资料、作业等收录在里面。全班文件架放在讲台一侧，每天早晨到校后，学生自觉把自己的记事夹拿走，最后剩下的就是缺勤学生的夹子。这样既便于记出勤，也把学生的各种学习材料保管得整齐完整。

电子版的文件夹

如果所在的学校已经能够电脑上网，校园局域网络成熟，每个老

反省时刻

用什么样的方法鼓励学生科学合理安排各项任务？有什么策略管理班级？怎样教授学生组织安排事务的能力并能熟练运用于学习和生活中？你会教学生用哪种电子文件夹恰当管理自己的学习事项？用什么方法能帮助学生长期保持有条不紊地学习？

师每个班级都有属于各自的文件夹，学生可以把自己努力创造的成果放到网上。看看是否有学生已在上面有个人空间，里面存放着自己已完成或未完成的作品。

学生的个人整理箱

在教室里，每个学生都应该有一个属于他们自己的整理箱，不一定很大，可以放置记事夹、喜欢的书籍和其他个人物品。

◎ 在开学第一天，学生们自己选择整理箱，之后就可用来放置个人学习用具等。

◎ 整理箱作用很大，分发作业时无须占用课堂时间。

◎ 当学生在进行调查研究或小组任务时，整理箱及时收纳他们的资料数据，确保完好无损。

准备赞扬鼓励评语

利用假期提前计划好各方面的安排，把可能用到的资料备齐。首先要解决的是大量的鼓励夸奖性质的评语，学生都喜欢得到老师的表扬,可是课上老师没时间写完评语。这里有一可行的办法就是有备无患：在电脑上新建一个文档，插入一个“田”字形表格，把收集好的评语一条一条输入每个方格，评语的数量当然是越多越好。然后用彩纸打印出来，剪开“田”字形表格，这样剪下来的每个方块都是一条完整的评语。最后这些精心制作的评语可以放在讲桌上，或者讲台这些显眼的地方，随用随取。

常见的表扬评语：

◎ 老师谢谢你参与今天的学习。

◎ 老师非常欣赏你的助人为乐。

◎ 你真是老师的得力助手！

◎ 感谢你与大家一起分享你的意见。

◎ 谢谢你如此准时！

◎ 老师非常感谢你为带领这个小组所做的努力。

◎ 感谢你与大家分享你的资料。

◎ 老师很感谢你按时上交了全部作业。

◎ 老师很欣赏你关于……的观点。

◎ 你简直太棒了！

◎ 老师看得出你在做……时已经尽了你的最大努力。

◎ 感谢你关于……的深刻见解。

根据班级需要改善或加强的地方，老师要注意收集有针对性的评语，还有一点很重要，就是不要放松道德品质和其他技能素质的鼓励力度，例如团结合作、团队精神、诚实正直、珍惜友谊、坚定毅力、个人长处等。

如果老师看到有个同学的行为值得鼓励，就从那堆评语中选取一个，写上该生的姓名，再贴上个笑脸，在下课铃声响起，同学们走出教室的时候递给那个学生。初高中的老师也可将真诚热情的赞扬文字通过电子邮件发给学生。

每周记事夹

制作一个每周记事夹对于班级管理来说相当有用，因为这里面有一周里每天各项工作，如此细化到每天的安排也是班级学习和其他文体活动有序展开的保证。不仅如此，这本记事夹在收纳整理书面文件、资料和材料方面的作用也不容小觑。

第一，当老师提前为下周或者下下周的课堂内容做准备时，教学环节的设计思路可以随时记在这本记事夹里，为备课而搜集到的参考资料或者下发给学生的材料，也完全交给它保管。例如，今天星期二，你正在上网搜信息，找参考资料，准备星期四的课。这些资料打印出来可以直接放到星期四的教学安排里。要不然堆成一堆放在桌上，弄得七零八乱的，到要用的时候就找不到了。

你还可以利用这本记事夹做很多事情，比如星期五的课上，你打算给学生进行一次有针对性的考查或测验，直接把测试题放入周五的安排里。星期三是郊游踏青的日子，所有外出的资料、表格、门票通通放到周三的安排中。

第二，对于教师来说，有了这本记事本，对这一周的具体安排了如指掌，做起工作来更加稳健自信，不仅消除了由突发事件引起焦虑和压力，而且更加彰显其职业形象。打个比方，星期二你因事晚到，在你到校之前校长肯定要去班里帮你照看学生，你觉得他希望看到哪种情景：

◎ 讲桌上作业、练习册、测试题堆得满满的，想找找你的教案，但不知道去你办公室哪里找。

◎ 讲桌上放着每周记事本，按照“周二”的标签翻开，教案立刻映入眼帘，课前热身活动、课上学习的材料、练习题的复印件，一项一项罗列地一目了然。

有了这本记事夹，就会给人一个更加敬业的职业形象。下面还有些好点子，如果都能做到的话，每天早上都会非常从容自信。

◎ 在下班之前安排好第二天的教学安排，在黑板上标上日期、粗略安排、教学目的和热身活动。

◎ 第二天的教学安排完成以后，确保教案以及其教具之类已经放入记事夹。

◎ 把记事夹放在讲桌上，万一临时有事耽搁了上课，代课的教师一进教室就能看到记事夹。

给教师的小贴士

如果你每天有这个班的两节语文课，有那个班的三节数学课，建议你根据所教科目，每天准备两份记事夹，分别记载这两班的教学安排，每班一份，按班级在记事夹上标上名称。

每周记事夹注意事项

用彩笔为一周的每天标上不同的颜色，易于辨认。请注意以下几点。

◎ 这一整学年每天都要接触记事夹，切记妥善保管。

◎ 记事夹直立放在办公桌上，位置显眼，要用的时候伸手即拿。

◎ 区分不同科目的记事夹。

◎ 每日教学所有的资料、教案、活动设计等都放在当日教学安排中。

◎ 下班离校前，将备用记事夹放在办公桌上，以防第二天有突发意外而不能到校上课。

备用记事夹

有时教师有其他事情，不能到校上课，学校会安排一名代课老师临时顶替完成教学。面对一个陌生的班级和一群陌生的学生，代课老师难免会不知从何下手。如果放在桌上的记事夹详细列出了当日教学安排，旁边工整摆放着教案、教学用具和作业习题。这样他就可以胸有成竹地走上讲台，顺利完成这一天的教学任务，不会出任何差错（详情请见本章附表“备用记事夹核对表”)。

因为代课老师是临时上任，所以记事夹上除了列出当日教学安排，还应详细写清班级日常管理事项和问题处理方法。这一点很重要，因为：

◎ 每周记事夹是按照常规教学进程设计的，而备用夹是遇到意外时用来维持正常教学进度的。

◎ 在备用夹中放入学校教学大纲和教学常规条例，代课老师就可依据里面的规定来处理一些突发事件。

◎ 代课老师对班上学生的性格不了解，所以备用夹中还应详细列出班上个别问题的处理办法，以避免不必要的矛盾。

◎ 代课老师如若根据当日教学安排按部就班地上课不顺利，有备用记事夹就不怕不了解班级，不怕找不到适合学生的教学方法。

如果已经有个代课老师部分了解班级情况，能顺利地完成教学，下次代课还想找他，那么他的联系方式就应保存在备用信息表上。

结　语

万事开头难，开学之前教师要做的准备工作有很多，虽然庞杂繁琐，但确实能帮助师生迈好关键的第一步。开学前的准备工作做得越细，之后的班级管理就越有效越顺利。暑假里，尤其是开学前的几周，是教师尝试新教法、实施新理念的黄金时间，想要让自己的课堂活跃起来，就必须付出努力和汗水。

附表1 开学事宜表

□ 相关物品

□ 布置教室

- 摆放桌椅
- 开辟“图书角”
- 开辟“学习园地”、“写作天地”等
- 张贴班级目标
- 板报

□ 准备好学生整理箱

□ 准备好每周记事夹

□ 准备好全班学生信息记事夹

□ 制定评分原则

□ 制作卡片，写上欢迎等问候语，寄给每个学生

□ 制作班级课表

□ 准备好备用记事夹

□ 整理好教师文件夹

□ 列出开学第一天的教学安排

□ 列出开学第二天的教学安排

□ 列出开学第三天的教学安排

□ 必要时咨询教务处意见

□ 必要时咨询其他科目教师意见

□ 必要时咨询高年级同学的意见

□ 做好一切准备开始尝试新教法、新理念

附表2　我们想你了

今天你没欣赏到如下精彩内容：	重点作业：
今天你没能参加一下测验：	测验重点/复习：
其他：	

附表3 备用记事夹核对表

——班级座次表

——作息时间表和班级课表

——教学组长联系方式

——简单明了的常规教学安排

——每日需强调事宜

——全班花名册

——预热活动和创意写作方法介绍

——教师得力小助手名单

——小组划分和各组员名单

——紧急情况处理办法（如火警、受困或地震等等）

第3章

创造和谐的学习环境

创造积极和谐的学习环境，是老师的首要职责。为了履行这一职责，教师需要注重培养个人工作环境、领导风格、日常行为，以及师生关系这些特定的因素。

作为教师，我们承担的责任重大。教师，作为一个领导者，在整个教室环境中所扮演的重要角色远远超过人们的想象。作为一个领导者，对于下属，要适时进行功绩奖励，指引方向，纠正错误，激发斗志，传授知识与方法，发展个性，开导思想。而作为老师，领导能力极其重要，能避免班级里的很多混乱。

从开学的第一天开始，教师必须循序渐进地培养文明健康的行为习惯。同时在脑海里，对这些行为习惯要有一个清楚的定义和界限，便于告诉学生，让他们也记在心里。

最后，教师还要实施一系列的措施，努力建立良好的师生关系。通过相互之间的友好、相互之间的沟通、相互之间的尊重，教师才能管理学生，塑造学生的个性，而学生才会按教师的要求去做。但是管理学生并不意味着教师非得严厉对待学生，相反，只有微笑面对学生，才能有良好的师生关系，才能有良好学习环境。如果教师能影响学生内心启发感悟，那他们会自觉学习和思考的。

通过这章的学习，教师会发现自己可通过下列行为习惯创造出积极向上的学习环境。

◎ 积极主动与学生沟通；

◎ 有组织的班级管理；

◎ 充分准备；

◎ 有效地表达期望和要求；

◎ 理解学生不能完全懂你的想法；

◎ 积极但是无伤大雅的幽默；

◎ 和睦的师生关系。

教学中的领导类型

在教学中，教师的领导类型有三种：

◎ 教师作为指导者；

◎ 教师作为自由精神者；

◎ 教师作为一个和谐的领导者。

教师作为指导者

在教学过程中，教师作为指导者，最害怕的事情就是无法指挥学生。因此在教学过程中，教师应尽量与学生保持距离，并严格要求他们，树立威信，保持有条不紊的教学秩序。

指导类型的特点：

◎ 没有生动的现场讨论，没有对某个人的取笑；

◎ 严格按照规定制度和流程；

◎ 鲜有特例；

◎ 高效完成任务，动手不动嘴；

◎ 在学习过程中，不鼓励个人行为；

◎ 学生要求按照老师的方法去学习；

◎ 不鼓励发散性思维；

◎ 在学习过程中，强调的是灌输技能和记忆的学习方法。

尽管上述方法可以营造教师理想中的教学环境，但是这种教学方法非常枯燥，并且严重阻碍学生创新思维的发展，学生十分反感，学习被动，缺乏积极性和创造性。

一个良好的教学环境不会是指导性教学的成果，反而学生逆反心理、愤世嫉俗、行为失常才是它的“功劳”。另外，一旦有学生逆反厌学，家长的疑问也就随之而来。教师有失公平的吗？教师太苛刻了吗？孩子对教师的讨厌是合理的吗？试想，家长会配合教师的工作吗？会好好沟通吗？

教师作为自由精神者

无准备无组织是自由教学的倡导主要表现，而这些主要体现到教学中，就演变成上课无教案，讲课时常中断。教师停下来思考下一个教学环节时，学生就只能等着。长期这样下来，学生的脑子也会变得和课堂一样混乱。

自由精神类型的特点：

◎ 相比专制者，学生更愿意教师成为他们的朋友。

◎ 学生更倾向听从自己的意愿行事，反对受人指使。

◎ 教学中，教学计划松散模糊，学生偏离学习主题。

◎ 教学中，教师给予学生最大限度的自由。

◎ 教学中，教师给予学生自己做决定的权利。换句话说，学生就是自己的老板。

◎ 教学中，教师如果发现学生没有自觉主动的学习会很生气，因为学生在滥用所给予的自由。

自由松散的教学并不能促进有利的教学环境的形成。

在以下几个条件的基础上，这种类型的教学环境会很理想很完美：学生必须是诚实、正直、有责任感、有决断力的。如果所有的学生都能自主学习，以学生为中心的教学环境我们当然大力推崇，只是这些条件不太现实，原因在于孩子的本性，他们极有可能去触碰所给的底线，所以往往松散的教学模式通常也是一种灾难。

另外，对于这种教学模式家长也会有所质疑，怀疑他们的孩子在这种环境下能学到什么？听一年这样混乱的课堂，家长会怀疑孩子以后还能不能赶上正常的学习。同时，家长也会对于学生所学的东西提出质疑，他们会想孩子所学的知识到底是有目的性的，还是教师随便敷衍教学？可想而知，这些质疑除了会彻底摧垮教师的专业印象，也会完全阻碍了与学生和家长的沟通交流。

教师作为一个均衡、公平的领导者

这种类型的教学模式，是将以上两种融为一体，达到最好的效果。就像他们所说的：凡事有度。为了达到这种平衡，您需要：

◎ 设定底线；

◎ 清楚表达对学生的期望；

◎ 按计划和步骤；

◎ 给学生自由和责任；

◎ 给学生提供选择；

◎ 肯定学生的价值；

◎ 邀请学生参与班级日常事务。

均衡、公平领导类型的特点：

◎ 有组织；

◎ 有纪律，并且纪律是师生关系的关键组成部分；

◎ 鼓励学生敢于对自己的行为负责；

◎ 学生主动参与班级事务；

◎ 清楚地阐述对学生的期望，并且从开学的第一天起反复强调；

◎ 对于不正确的行为，一视同仁地处理；

◎ 学生有自我价值感和主动性；

◎ 学生有自由和选择权对班级活动进行讨论和推进。

在这个教学环境中，学生更加具有合作性。因为他们在这种环境中觉得自己是被尊重的、有价值的，这也就从本质上激发了学生自主学习的态度。另外，家长也不会再担心去讨论他们的家庭表现，而是讨论如何在家庭教育中采取同样的方式。

反省时刻

作为一个领导者，如何描述你自己？自己的领导风格对学生产生的影响是积极的还是消极的？怎样描述你与家长、同事以及学生之间的关系？

如何创建和谐的教学环境

何谓和谐的教学环境？它所指的就是教师和学生在进行教学和学

习的时候，对所处的环境充满舒适和安全感，而这一环境可以促使学生更好地学习。

为了建立这一舒适的教学环境，老师要做好准备在教学的过程中扮演好以下角色。

◎ 医生

◎ 家庭教师

◎ 领导者

◎ 护理工

◎ 听众

◎ 问题解决者

◎ 纪律部长

只有扮演好这些角色，才可以助你一臂之力，与学生之间建立好良好的师生关系。另外，有效地组织和管理时间，也是教师们扮演好这些角色的关键。

教室是一个忙碌而复杂的地方。在平常的课堂上，我们需要做很多工作。

◎ 组织教学活动；

◎ 讲述课程内容；

◎ 准备教学材料；

◎ 管理学生行为；

◎ 管理教学设备；

◎ 管理后勤事务；

◎ 提前完成教学任务。

而在完成这一系列的工作过程中，教师还要处理一系列的突发事件，开会、办公室通知、帮助生病的学生等。

教师每天面对的挑战真是多如牛毛，个个累得筋疲力尽。本章后半部分就要讲解如何调整班级管理方式，轻松拥有和谐的教学环境的一系列方法。

时间管理

有效地管理和组织时间，无论是对教师还是学生来说，都是非常必要的。当教师被头绪万千的工作压得喘不过气来、束手无策时，说明此时已经被工作打败了。本来教师的精力是要完全被用在课堂上并与学生建立良好关系上的，如果感到自己用在担心每件事情的时间比用在学生上面的多，那可以试一试下面有效地管理时间的方法了。

随身携带备忘录

随时携带一个简单的日志本或者轻便的记事本或备忘录，将每页分成工作、家庭、人际等若干栏，随时记下要做的事情。例如：家庭栏是记录你个人生活或者家庭生活的，工作栏是你要完成的论文等事，人际栏是你要联系的人，或是做个简单的工作日程单和家庭日程单等。

随时携带记事本，可随时记录下偶发事件。另外，在做记事本的时候，也要考虑到将本周事宜整理成一个迷你型的日历。这样，即使平时不常看日历，也不会忘记什么时候有约会。到了星期天，开始做新的记事本，将上周没有完成的事情挪到本周继续完成。

当你把所有需要完成的事情列出来以后，用符号将事情按优先顺序排列好。哪些事情须在一两天内完成的，就在前面写上“急”，表示最优先处理的事情；哪些事情是要在本周内完成的，就在前面写上“不急”，表示这些事情是中度优先处理的；哪些事情是可延缓较长时间的，就在这些事情前面写上“慢”。

记事本上的所有事情一定要按优先顺序排列，便于清楚了解哪些事情需要第一时间完成的，哪些事情次之，哪些事情可以延后处理。这样就没有无从下手的感觉，能有效管理自己的时间。但是，对于有些人来说，在记事本上列清单往往让他们更加迷茫，不知该做哪件事，原因在于他们没有按优先顺序进行标识。照这种方法进行编排办事，工作会越来越有条理。

如果是一个严谨有逻辑的人，可能想要重新按照优先顺序列一下清单。但是如果清单列完，看上去还是很繁杂，请尝试以下方法。

◎ 仅仅关注最优先处理的事情，忽视其他的事情。

◎ 先完成第一件事情，不要想其他的事情。

◎ 完成第一件事情后，再做第二件事情。

◎ 然后再一件接着一件完成。

生活中许多看起来难以完成的任务，最好的解决办法就是一步一步去完成。如果长长的计划清单让人头疼，可以尝试将它们分成若干个小清单，按照性质的不同，将之前冗长的计划清单重新排列组合，同一类的编排在一起，然后一个一个去完成。这样会增强成就感，最先做对自己得益最大的事情。

坚持使用日历表

检查日历表，把所有的约会记到每日行程里。小小的日历表不仅能提醒会议的时间，同时也能帮助规划所有的时间。如果某件事在某段时间内完成即可，那就跟自己来个约定，规定自己什么时间完成。

在规划时间的时候，电脑功不可没，在电脑上将一些固定的工作时间设定成每天或者每周需要完成的事件时间，例如课程安排。同时，在教学的时间里，可以制定一个函数图表，将私事与公事一起排在时间表上，兼顾到生活的各个方面，避免公私冲突。

在这一过程中，个人的态度也很重要的。教师如果计划每天放学后利用30分钟的时间批阅试卷，就尽可能坚持不间断，学会如何取舍各项工作。如何坚持呢？这里有一招：将这些日常事情当成是校长的例会，在会前规定自己按计划完成书面材料的任务，不要拖延，拖延只会让之前的努力功亏一篑。

如何有效管理教学环境的一些小建议：

◎ 基于基础知识的学习。研究表明，轻松自在的学习环境会增强学生学习的动力，会增强师生之间的交流。

◎ 区分“教师的时间”和“学生的时间”。一个积极的教学环境，要求教师的讲课时间连贯有续，学生需注意不要占用“教师的时间”，同时教师也要留有时间给学生提问、讨论、吸收新知识（学生的时间）。

◎ 在与学生开玩笑的时候，一定要注意底线，并且适时转移到正题上来，如“好的，这个仅仅是玩笑，那现在我们要切到正题上来了，需要各位同学集中注意力……”但是要记住开玩笑的时候要避免那些人格侮辱和故意嘲讽。

◎ 学会用眼神交流。要学会用眼神使学生明白玩笑已经结束，现在要从玩笑中转到学习当中。

◎ 在教学的过程中，如果课程非常能激发学生的兴趣和积极性，他们甚至会流露出不想下课的表情。

◎ 在教室中，将维护学习环境一些规定的基本流程贴在教室里，这样从上学的第一天开始，家长和学生就知道他们该怎么做，要达到什么标准，并且配合教师的班级管理模式。

◎ 当学生沉浸在教室里认真学习并从中获得巨大的乐趣时，那些违反纪律的行为就几乎消失了。

◎ 学生希望教师能公平对待每个学生，从一而终。因为如果学生从一开始就知道教师对他们的要求和期望，那教学工作会很顺畅。

◎ 建立起师生一视同仁的信任，信任会带来彼此的尊重。

◎ 当学生开始迷惑时，一种挫败感就会油然而生。一旦挫败感上升，他们极易发生违纪行为。为了避免这一现象，一定要好好规划你的常规教学步骤。

◎ 在课堂中，每天都应安排学生独立学习部分与互助讨论学习部分，这会帮助学生更好地融入到学习当中。

做好交接准备工作

在教学过程中，教师不仅仅只是讲课，还要写好教案，将整个课堂的各个步骤写出来，并保证在各个教学环节给予学生恰当的指导，这些步骤还应该包括教学环节与学习活动的过渡或转换。将这些步骤说明也标注在备用文件夹里，这样代课老师才知道之前是如何进行管理的。下面有一些建议。

活动中或者课程结束时

◎ 有节奏地鼓掌，帮助学生将注意力放在你身上；

◎ 站圈时间（让参加活动的学生站在日常进行活动的区域）；

◎ 清理教室和课桌；

◎ 默读；

◎ 逻辑谜题；

◎ 带有思考性的游戏；

◎ 颜色、数字、形状辨别；

◎ 拼图游戏；

◎ 大声朗读。

同时，建议做个“完成”的提示牌，上面列出可以接受的活动，在课程提前结束的时候供学生选择。

在上课、午饭、假期，或者上课期间的重大活动时

◎ 寂静的活动；

◎ 迅速答题，包括一些特定的课程，如数学、科学、地理；

◎ 真假论据；

◎ 词汇拼写，一个学生说一个字；

◎ 其他活跃气氛的活动。

经验分享

在站圈的地方，粘贴好字母，并且将这些字母分别分发给参加活动的学生，这样学生就会清楚地知道在活动时自己所站的位置。

安排好课上多余时间

在工作中，教师们都尽力备课，力求有效利用课堂每一分钟。有时课上如果学生状态比较好，思维比较活跃，教学步骤就会比平时稍快一点，也许30~35分钟就能完成平时40分钟的教学目标。那还有5~10分钟怎么办？在这种情况下，教师可对今日所学做个总结，从头到尾将知识串一遍。如果连总结结束后还没响起下课铃，学生没有任何学习任务了，就会开始和同桌聊天，开始在纸上涂鸦，或做与课堂无关的事了，这又怎么办？除非教师还能安排别的活动，尽量保持课堂秩序，否则教室里就会乱。不过有的教师认为学生利用这几分钟可以放松大脑，休息一下。这个想法固然很好很人性化，但是恐怕这个“放松”会变成“放纵”，课堂一片混乱。别着急，下面的方法不仅涵盖小学初中高中各个阶段，而且会让学生的注意力紧紧地跟着教师。

小学阶段

◎ 对教室中的事物进行标示，用颜色、形状、数字或者用特殊的字母。

◎ 数数，每隔2或者5或者10数数，一直数到100或者1000。

◎ 做做跳跃运动或者伸展运动（指尖朝上或者朝下）。

◎ 讨论：我们什么情况下会用到水呢？

◎ 列出以某个字开头的词语。

◎ “假如……会怎么样”的游戏，“假如你是动物会怎样”、“假如你是一辆车会怎样”、“假如你是书中一个人物会怎样”、“假如你是一棵植物会怎样”、“假如你是一幢大楼会怎样”、“假如你是外星人会怎样”等等，发挥他们的想象，举手发言会出现什么情况或者用笔画出来。

◎ 全班一起唱歌。

◎ 给他们讲个故事。

初中阶段

◎ 快速计算数学题。

◎ 快速问答。说出课上所学的其中三个知识点，例如，请说出三种植物或请说出小猫和大象的三个共同点等等。

◎ 词汇考查1：在规定时间内，每人说出以某个字开头的词汇。

◎ 词汇考查2：给学生规定一个或多个词语范围，让学生在限定的范围内，说出以某个字开头的词语。

◎ 词汇考查3：词语接龙，老师在黑板上给出一个刚学过的词语，学生要以这个词的结尾字作为首字，造出一个新词，依次这样进行下去。学生每造一词得一分，若拼出的词语是单元里刚学过的，则有加分奖励。最好有一个时间限制，这样学生的脑子会转得更快。

◎ 提问猜物：教师任意选取教室内任意一件物品，学生有20个机会提问，根据教师的回答得到提示，猜出答案。

◎ 神秘解答：通过是与不是的问题来破解神秘，学生需要通过是与不是这些问题去推导这些事情是不是真的。学生通常会通过对主要事件的设想以及设定好的神秘事件而产生错误的认识，但是只有通过是与不是的提问环节才能知道事实真相。

◎ "出门证"：让学生对今天所学相关知识进行快速的回答，作为今天这堂课的结尾。如果这堂课是学习的语法，所学内容是动词，那么下课前可以让学生说出一个能够生动描述他们自己的动词，作为下课的"出门证"。

高中阶段

◎ 小议道德问题。很多书上都有关于道德的问题：能闯红灯吗？假如你去买东西多找你钱了，你会怎样？在班上讨论一下。

◎ 谁是大赢家。将新学的一单元所有的词汇都列在一张纸上，学生两人一组，其中一个同学给出于这个词相关的提示，另一个猜，看谁在规定时间内猜出的词语较多，谁就是大赢家。例如，猜"原子"这个词，提示可为"极小的微粒"、"组成世间万物的微粒"、"有质子"等。

◎ 挑战难题。挑选三个有难度的词，让成绩中等的学生给大家提示，其他同学来猜。教师可把这个时间稍微缩短点，制造紧张气氛，学生参与也会很积极很刺激。

◎ 如果你是某位历史名人，你会做出怎样改变史册的决定？

◎ 说说今天或者这周有哪两件好事与你不期而遇。

◎ 小小辩论会。从新学的单元中选取一个话题，确定正方观点和反方观点，然后将学生分成两组，进行一场2~3分钟的小辩论。

学会控制课堂节奏

在一个轻松愉悦的学习环境中，学生不仅可以自在地与教师互动交流，也会与同学长期友好相处。学生明白教师对他们的期望，每天都会按照这个期望要求自己，约束自己。他们从不嘲笑别人的错误，为了找出正确答案而争得面红耳赤。

在这样一个环境里，学生每天都在逐渐进步，而且也不允许自己落后。

保持冷静

在与学生相处的时候，教师应保持沉着冷静的状态，遇到意外事件或问题，不要反应过激，手忙脚乱。时刻提醒学生注意控制情绪，端正态度，文明举止；提醒他们注意自己的言行过失，知错就改。和他们打交道时，多用礼貌用语会有意外的收获。

善待学生

善待学生并不是说和学生毫无界限，而是在保持正常师生关系的前提下，关心爱护学生。“善待”就是跟学生打招呼时招手微笑，就是轻声柔语跟他们说话，即使是批评他们，也要注意语气，不要厉声训斥。

作为教师，总是在发现并耐心纠正学生的错误，因此很容易生气。

保持良好的心情投入工作很重要，和颜悦色是一天，尖酸冰冷也是一天。学生们在听完老师的教导后，可能心情会有点沮丧，不过他们的沮丧很快就会抛到九霄云外，所以教师更要心情舒畅。

幽默处事

学生年纪尚幼，和许多不懂事的孩子一样，他们经常会犯这样或那样的错误。与其整天被学生的调皮捣蛋弄得头晕脑涨，还不如花点时间和他们好好相处。当我们怀着轻松幽默的心情看待孩子们的玩闹淘气时，生活会少许多压力，多许多乐趣。学生毕竟只是孩子，不跑不闹不犯错是不可能的。即使是那些外表成熟的初高中学生，心态也是幼稚的、孩子气的。想要保持心情愉快，就不要和学生太较真。

课堂上有时教师为调节气氛会和学生说些逗乐的事，但是“逗乐”有度，放松片刻后要及时将他们发散的思绪收拢，回到学习的正题。警惕“逗乐”演变成半节课的哄闹，当教师觉得放松完毕，要明示学生安静下来，比如“你们真是太厉害了，好！下面谁能告诉我××的三个重要原则是什么”。虽然学生会觉得意犹未尽，一时抱怨四起，但教师严肃的语气会把他们的注意力带回课堂的。如果不适时制止，他们能说说笑笑玩玩闹闹一直到没有可玩可闹的东西了才会停下来。

控制音量

当您怒火中烧、情绪即将失控时，试试转身数数，从一数到十，或闭眼深呼吸几次，尽量平息怒气。切忌气急败坏、大声呵斥学生，因为呵斥不仅会伤害孩子幼小的心灵，而且会彻底毁掉在学生心目中的良好形象。另外，如果课上不太安静有“杂音”，教师提高嗓门只会让“杂音”越来越多。

善用肢体语言

伸出一只手表示“五”，双手上移表示“起立”，双手下移表示“坐下”。教师经常使用指令性的手势既可以集中学生的注意力，还能舒缓嗓音，少用甚至不用祈使语气。一节课只有40分钟左右，时间有限。教师在讲课过程中，总希望教学过程如行云流水般一气呵成，因此肢体语言可以发号施令，帮助顺利完成教学。当教室里很安静，学生都注视讲台的时候，肢体语言就该出场了。长期使用的话，学生看到某个手势会像应激反应一样训练有素，节省了很多宝贵时间。

及时化解

虽然课上出现的小问题小矛盾不会影响教学，但是这个问题或矛盾有愈演愈烈的势头，这时就要充分发挥肢体语言的作用了。眼神示意“安静”或做一个“停”的手势，恢复课堂正常秩序。对于课上出现的哄闹要及时制止，若置之不理，教学目标会大打折扣。

还有一个聪明的处理课堂纪律问题的办法：将矛盾扼杀在萌芽状态。有个别学生走神开始捣乱时，略施小计将全班同学的注意力都“刷”的一下集中到教师身上，例如跟学生猜谜、朗读比赛或小组合作学习等等，让学生的思维一直跟着教师，不留捣乱的余地。学生走神不专心听讲时，让他上台来给帮个忙，他就没时间走神或者开小差影响其他同学了。

建立和谐师生关系

教师想要和学生建立起和谐的关系，就要尽可能多了解学生，多亲近学生。每天抽出几分钟挨个找学生聊聊，话题随意，聊家庭、朋友、宠物、爱好等。上课铃响起教师走进教室时，跟学生打个招呼，翻翻他们的个人记事簿；利用课堂最后两三分钟，好好了解他们。有体育出众的学生，问问他们参加比赛情况。总之，对他们了解得越多，就越能赢得他们的尊敬和爱戴。尽管教师与学生朝夕相处，认真教学，但有个事实很容易忽视，就是师生是一个集体，一个整体，不仅包括教与学的过程，还包括个体融入集体的过程。因为每个人都有不同的家庭背景、成长经历和喜好，这么多不同的个体如何融入班集体呢？这就需要教师多花时间了解学生，因充分了解而慢慢形成和谐的班级。

讲课之前摸清学生情绪

上课铃响前跟学生闲聊几句，不仅可以增进了解，还可以摸清学生的情绪状态。如有学生怒气冲冲地走进教室，教师关切地询问他到底什么事情惹他这么生气，尽力帮他解决。如不能立刻解决，起码教师心中有数，课后再找学生谈谈找出解决的方法，化解矛盾。若教师只是一味地讲课，不及时处理他们之间的矛盾纠纷，整堂课下来就会有部分学生什么都没记住，还会严重影响到周围其他同学。

让学生积极投入学习

充实的课堂才是快乐的课堂。教师应适当设计跨学科或贴近生活的学习活动，让学生一直浸泡在学习当中，并发掘他们学习的潜力。

当学生能饶有兴致地听教师讲课时，就几乎没有小动作了，师生关系也会进一步融洽。

在设计课堂学习活动时，学生需明确活动目的，并在活动结束时展示他们的“成果”。这个展示形式可难可易，都在教师的掌握，可以是从课本中找出的一些重要概念，也可以是汇报演讲。

在教学过程中，教师的精神状态直接感染影响学生的学习。讲台上教师神采飞扬，充满活力，学生受到积极的感染，同样会挺直腰板竖起耳朵听课。反之，教师在课上心神恍惚，手忙脚乱，讲课没有条理，频繁停顿中断，内容枯燥无味，学生们在下面也会头晕脑涨，思维混乱。长此以往，他们对教师还有尊敬和信任吗？因此设计一些常规学习活动充实课堂，搭建“静心小屋”平抚学生情绪，都像一条无形的纽带牢牢地拴着师生。想要班级的学习走上一条自然健康的轨道，以下是几个建议。

制定班级日常规定流程

规定流程是班级目标的体现和延伸。从开学第一天学生们走进教室时，就让他们谨记，严格遵照规程的内容一条一条按顺序完成。因此在制定规程时，应注意各项任务的时间先后，逻辑严谨，例如希望学生在上课铃声响之前，已经做完了教室的卫生，值日生名字在黑板上赫然可见，各项作业都整齐放在了办公桌上，学生们都已在自己的座位上预习新课，那就把这些课前任务在班级日常规程上写成一列，学生每天到校后就按顺序完成，慢慢就会形成习惯。

把规定流程上一列一列的任务整理成文件，贴在教室墙上，每天提醒学生。时日一长，规程会逐渐成为班级的惯例。虽然不是规程上的每一条都需要白纸黑字贴墙上，但提前制定并贴上墙，每个字都会成为同学们的朋友。下面列举一些每天都要完成的任务。

◎ 查看学生出勤；

◎ 分配任务；

◎ 收齐课堂作业或家庭作业；

◎ 分发学习材料和练习题等；

◎ 课间休息上厕所；

◎ 课堂与课外活动的过渡；

◎ 小组合作学习；

◎ 小组讨论阅读技巧；

◎ 小组讨论写作方法；

◎ 收尾工作。

在教室里，学生每天都能接触到这个日常规程，教师还要督促学生严格执行。一学年下来，班级日常规程能为学生为教师立下不少功劳。

落实规程

教室里也有规程，例如查看学生出勤情况、查看校历、摆放室内各种工具等，教师什么时候做这些事呢？在学生们伏案“沙沙”动笔时，利用这个时间完成。

查看学生出勤情况

查看出勤方法之一：对照座次表，记下缺席的学生姓名。方法之二：将这间差事交给每个小组内部解决，各组向教师汇报缺席情况。方法之三：将学生的个人记事夹放在讲桌上，学生早晨进教室时领走自己的记事夹，剩下的记事夹是谁的，谁今天就缺勤，毫无疑问。

初中的教师打印一沓每日出勤表，右边是出勤情况，左边一张班级座次表，用订书钉钉好，放在资料夹里。每天只要对照座次表，谁出勤谁缺勤，谁迟到了，一目了然。

学生值日

把平时班里的琐事交给学生处理，这样可以：一、满足他们的成就感，让他们强烈感受到每个成员对于整个班级的重要性，激发他们热爱集体，团结同学；二、将任务分配给学生，增加教师与学生沟通机会，更有助于师生关系的融洽；三、减轻教师的工作量。真可谓一箭三雕，何乐而不为呢？

每星期安排一男一女两名同学值周，要负责的任务如下所列，这种方式非常适合小学和初中。

◎ 担任组长；

◎ 教室开关灯；

◎ 早上开教室门，放学关教室门；

◎ 分发试卷作业等；

◎ 老师的小助手；

◎ 清洁投影仪；

◎ 擦黑板；

◎ 其他文艺事宜。

教师可按学生花名册的顺序安排值周生，也可在周五任意指定下个星期的值周生，这样每个学生都有机会当值周生。等全班同学轮完一次后，您可以指定那些工作认真负责的同学再次当上值周生，这是荣誉和奖励。

还有两个长期的职务，想要担当此重任的学生要递交申请书和兴趣意向，因为一旦某些同学申请成功，就得负责整整一学年。

> 信任学生，放手把班级有关日常事务交给他们负责，真正让学生参与班级管理。

◎ 检查作业上交情况，上第一节课前，负责的两名学生收上家庭作业，同时在表格里一本一本核对，最后列出哪些同学的作业还没上交，反馈给教师。申请资格：申请人需能早到校，提前完成上午的作业，有责任感，办事有条理，坚持每次按时交作业，能起到表率作用。

◎ 分发材料，这项任务需要四名同学，其中三人负责把教师批阅过的作业分发到学生的整理箱里；剩下的一名同学帮助教师将各种资料归类，放入每周记事夹、笔记本或学生信息文件夹。申请资格：有责任感，办事有条理，在思想品质和行为举止两方面都要成为其他同学学习的榜样。

还能用其他办法分配各项职务：

◎ 学生轮流工作：准备一些不同样式的袖标，不同的样式代表各种不同的职务，用带有学生姓名的别针将袖标别在衣服上。可以一周或两周轮一次，也可以一个月轮一次。

◎ 将学生姓名按字母顺序排列，依次分配职务。

班级纪律

作为教师，要巧用妙招治理班级纪律问题。如果学生在教室里都忙着功课，他们就没时间去调皮捣蛋了。不过这并不是说用书山题海把他们圈在教室里来解决纪律问题，教师们应有意识地去找一些针对性强并稍有难度的练习或学习活动挑战学生的智慧，如果引导得当，他们的注意力还会在破坏纪律上吗？该找哪些材料来挑战学生呢？看下边：

◎ 找出各章节之间的联系；

◎ 要求班里活跃分子积极参与；

◎ 学生可选择做哪道题；

◎ 尽量贴近学生的现实生活场景；

◎ 鼓励学生主动思考，不要被动等待答案。

许多教师对班级管理和班级纪律这两个概念有点混淆。教师组织管理班级日常事务、处理班级问题的方式、方法包括：

◎ 营造一个良好的学习氛围；

◎ 执行班级各项规定；

◎ 不仅管理好自己的事情，也照顾好学生；

◎ 提前设计课堂活动和教案。

而班级纪律是学生在校园路应该遵守的行为规范，遵守者奖，违反者罚。

当然，班级纪律不是万能的。只有学生们都明确知道什么时候能做，能做什么事情，这才是一个纪律良好的班级。反之，学生们都不遵守规章制度，班级秩序混乱。想要解决问题，重整班风，就要有一系列的班级纪律制度来约束规范学生的行为，这里有打造纪律良好的班级的妙方。

◎ 教师提前备课，设计好课堂活动；

◎ 教师应变能力强；

◎ 教师充分自信；

◎ 制定班级管理的规章制度；

◎ 师生关系和谐，和睦相处；

◎ 坚持落实班级各项规章制度；

◎ 让课堂闪烁智慧的光芒；

◎ 轻松自在的学习环境；

◎ 给学生提供指导性意见；

◎ 在学生学习新知识的过程中，教师只是配角，起辅助作用；

◎ 注意贴近学生现实生活；

◎ 有意识地激励启发学生；

只有好的班级管理才有好的班级纪律。

◎ 倡导发现性学习；

◎ 学生们都奋力飞翔在知识的天空中。

反省时刻

在你心中，遵守纪律跟注意纪律有什么区别？怎样才能让学生严格遵守班级的规章制度呢？你的组织管理能力是如何推动纪律问题的解决呢？在班级纪律方面如何能有突破性进展？

培养良好的道德品质

一个班级必须有一套自己的规章制度，来体现班级成员共同的奋斗目标。班级的规章制度（班规）可沿用校规，也可由师生制定适合本班的班规。班规不同于学生基本行为规范，它是后者的延伸和提升。

虽然班级班规非常重要，但也不能忽视其他细节。因为班级管理上的细节处理不好，可能严重影响正常的学习秩序。想要每天的教学工作都顺利进行，就必须从这些细节做起。孩子们不知道怎样做才让教师满意，要是不清清楚楚地跟他们解释，他们连作业怎么上交、何时上交、交到哪里都迷迷糊糊的。如果想要学生把作业交到办公桌上的具体某个位置，就一定要告诉学生，让每个学生都彻底明白怎么交作业。如果没通知学生交作业的时间，他们脑子根本不会分辨何时方便交作业，甚

> 教师希望每个学生都能遵守班级的各项规章制度，但教师对学生的期望不仅局限于班规。

至教师正在讲课呢，就有学生径直去交作业了。因此对于这些细节，提醒学生要按要求长期坚持。如此一来，这些细节也就成了班里人人皆知人人遵守的常规了。

除了从纪律方面严格要求学生，教师还要注意塑造他们的性格品质。每个教师都希望能从学生身上看到诚实、团结、合作、细心、执著和个人最优秀的一面，所以要把这些词的含义解释给他们，告诉他们怎样做才是诚实才是团结等等，并提出要求希望他们能自觉培养良好的品质。在教室里，学生们能学到的就有：

诚实	正直	合作	团队精神
友谊	乐于奉献	刻苦	关爱他人
毅力	创新	耐心	重情重理
好奇探索	勇气	责任感	
应变能力	组织能力	处理问题能力	

良好的品质不仅反映出个人道德高尚，有正确的价值观导向，而且还说明了这个人有好的工作或学习的习惯以及对他人对生活有正确的态度。拥有良好的品质如同拥有一把打开幸福和成功大门的钥匙，教师该怎样让学生认识到品质的重要性呢？

品质反映一个人的道德和价值观

如果没有高尚的道德和正确价值观的引导，我们可能经常说谎欺骗他人，给他们带来情感、精神和身体上的伤害，最后自己也尝到苦果，后悔难当，即使是善意的谎言被揭穿了也会带来痛心和伤害。在生活中，跟任何人交往都需要正直诚实，不然我们和父母家人、朋友、同事和身边的所有人都不能融洽相处，因为谁都不会尊重、信任满嘴胡言或者胡作非为的人。一旦别人对你失去了尊重和信任，挽回是相当困难的。

品质说明一个人学习或工作的习惯

从一个人的品质能看出他的学习或工作习惯，比如刻苦、毅力、组织能力、责任感、处理问题能力和合作精神等等。无论我们从事什么工作，培养这样的品质是走向成功、实现梦想的关键。相反，如果一个人择业无数，但没有上进心，一直平平庸庸，碌碌无为，根源可能就是没注意培养自己良好的品质。上职业学校、进大学都需要好的学习或工作习惯。

经验分享

让学生把这些品质和班级或学科联系起来，给这些词下定义。这项任务即能真正把品质和学生联系起来，又能启发他们动手动脑用文字来表述这些抽象的词语。然后把学生们得出的定义写出来贴在墙上，时刻提醒他们要注意培养良好的道德品质。

品质表现一个人的生活态度

一个人的生活态度直接影响着他的人际关系，态度包括友谊、勇气、关爱他人、耐心、幽默感和重情重理等。上述几点，我们能做到的越多，就拥有越多要好的朋友。不管是对他人还是对工作对生活，我们都要以一种积极的态度去面对，它会带领我们走向成功。另外，当我们积极面对人生，总是朝美好的一面努力，美好的事情也会慢慢找上我们。

因此教师不仅要传授学生知识，还要时常鼓励他们从现在开始培养良好的品质。首先，教师只有不断地渗透良好品质对一个人的学习和未来的深远影响，他们才会深刻理解品质的重要性。其次，教师期望学生注重哪些品质，即先前所提的学习习惯和态度，将具体要求告诉他们，在校园里如何注意自己的言行。例如，准备一本干净工整的作业和一本凌乱潦草的作业，让学生亲眼对比这两者的巨大差距，他们是选择干净工整还是凌乱潦草？结果就不言而喻了。最后还有一点，学生不懂教师的心理，还需花时间灌输给他们哪些是教师们希望看到的和不希望看到的，哪里是“雷池”，不能跨越。因为很多时候学生根本就不知道“雷池”在哪儿就一脚跨进去了，并没意识到自己的行为是不能做的，要是迁怒而批评学生的话，对他们有失公平。所以教师一定要让每个学生都明白在教室里能做什么，该做什么。

思考下列问题：

◎ 您认为学生应该怎样交试卷？

◎ 有哪些规定要求学生的作业做到干净整齐？

◎ 学生的作业是必须手写还是可以打印？

◎ 作业能用彩笔完成吗？

经验分享

课上，找个学生到教室前面朗读一段文章。在他朗读过程中，在学生中转转，跟他们说话，或者削铅笔，或者蹦来蹦去的，总之都是课堂上不允许做的。朗读完毕后，问问这个学生，其他人都在聊天画画开小差，感受怎么样？想一个人唱独角戏继续朗读下去吗？

◎ 课间有什么注意事项？

◎ 课上学生如果想拿学习用具或想削铅笔该怎么做？

◎ 学生们在规定时间里提前完成了作业，你希望他们做些什么有意义的事？

◎ 在学习小组，阅读小组或实验小组的活动中，您对他们有什么要求或者期望？

开学初，教师应开始引导学生在班里注意培养习惯，要做到在发言过程中，如有学生需记住的重要信息，在说完重点信息后稍微停顿一下，直视全班，表情严肃。在这几秒的停顿里，每个学生都会不自觉地抬头。因为我们总是于喧闹嘈杂中难以集中精神，却在寂静无声中全神贯注。

在开学前两天，教师还要带领学生做几个活动，看看他们的知识水平和对规章制度的理解能力。例如：

◎ 看看“我们该怎么做”。学生以小组形式参加，每组创作一幅宣传图或一个小短剧，要求表现出正确的行为取向。

◎ 该不该。在面对具体情况时该怎么做不该怎么做，学生可口头表达或肢体表演。

◎ 怎么样。一个好的习惯或正确的行为到底给人怎样的视觉、听觉和感觉上的享受，同样可用口头表达或肢体表演。

反省时刻

你对学生有怎样的期望？如何让学生明白这种期望、想办法达到这个期望？教师得身体力行做个榜样，学生才会认真履行，对吗？为什么？如果不对，有什么理由呢？你还能采取其他办法吗？

◎ 集思广益。集全班智慧列举出大量错误的行为。

如果认为抄几遍规章制度学生就能深刻明白其含义，这种想法就大错特错了。他们只是被动机械地去抄，根本没有思考那些语句的含义。

教导学生文明礼貌

许多学生在家不知道如何打招呼，家长可能没教导孩子礼貌回应他人，在和长辈或他人交谈时忽视了礼貌、尊敬。因此，教师还需对学生进行文明礼貌教育。这项任务不是在讲台上跟他们说要讲文明懂礼貌，他们小鸡啄米似的点头同意就完成了，他们没真正理解教师的要求。

想要学生都自觉文明礼貌，教师需要花一段时间认真考虑，对他们的文明礼貌的期望值，从以下三方面着手。

◎ 从文化背景上跟学生解释文明礼貌是优良传统，时时要求他们注意言行举止。不过还得考虑各地区差异，给他们介绍不同地区的不同文化，不同文化下文明礼貌的内涵多少有些不同。比如：在某些文化中，晚辈或下级在接受长辈或上级训诫时，如果眼睛不直视长辈或上级，这是不礼貌不尊重的表现。然而在其他文化中，则恰好相反，直视长辈或上级才是不尊重，没教养。

◎ 在校园里与学生、与家长、与同事打交道时，教师应该注意举止文明，言行礼貌，为学生做表率。

◎ 纠正学生不讲文明的行为，督促他们按教师的要求做到礼貌待人。如果不及时制止和纠正，任不文明行为继续在班级滋长，礼貌就成了一句空话。

如何与他人打招呼

邀请一名自愿上台表演的学生一起为其他学生演示如何与他人打招呼。然后，每个学生都练习互相打招呼。例如：

当有人伸手跟你打招呼：

◎ 用力握手而不是抓手。

◎ 同时看着对方的眼睛。

◎ 礼貌回应一句“早上好”、“下午好”或“晚上好”。

当别人和你打招呼：

◎ 停下手里的事情，看着对方的眼睛。

◎ 礼貌回应“早上好”或其他问候语。

这个礼节教会了学生放学时礼貌离校。将这个习惯或这一项写进班级规程，在下课离开教室或放学离开学校时要与师长礼貌说“再见”。

接受否定回答

当长辈们对晚辈说“不”时，教师应告诫学生礼貌回应，尊重对方（示范如何表现尊重），礼貌回答后静静走开（示范该动作）。在同学之间的交往中，其中一人说“不”后，教师也要让他们学会以礼貌的方式应对“不”——感激地看着对方说“没关系”，静静走开。

许多时候得到否定回答，孩子们肯定会不高兴，有些甚至非常生气、非常厌恶。在这种情况下，给他们两种选择：一是在日志中给教师写封信，完成后适时上交或小心翼翼地放到办公桌上，吐露他们真实感受。同时在教室找个地方专门放置这些信，每当他们有心里话想聊聊时，就可以用书信表达，并在信上贴上标签，署上姓名。因此不仅师生可以毫无拘束地交心，疏解心中烦恼或苦闷，学生也有机会练习写书信，提高写作能力，教师更能对学生的心理了如指掌。不过，学生也可以选择写私人日志，只有他们自己知道。

二是陈述缘由，礼貌回应别人的否定回答之后，学生可以跟对方解释，比如，用尊敬平和的语气说："我能解释一下缘由吗？"。如果你同意了他们的请求，也要记住他们的承诺。比如小明说五分钟就回来，结果过了十分钟或十五分钟才回到教室，他没有遵守承诺，食言的结果就是惩罚他在接下来的一段时间内不得再为某事陈述缘由。当然学生得清楚并不是每次陈述缘由都能得到肯定答复，如果陈诉缘由后仍遭拒绝，他们继续礼貌回应。不管怎样，陈述缘由是学生能表达自己的意见、观点或需求的一种方式，一种摒弃失礼倡导文明方式。

为了在班里有效地提倡文明举止、礼貌待人，教师还需坚定严肃地告诉学生，要认真对待班级的讲文明懂礼貌的目标。只要每天强调文明，示范文明，让学生练习如何举止文明，相信这个目标一定会实现的。

反省时刻

你期望从学生身上看到哪些文明的言行？怎么对待教室里的陌生人？你还得抽点时间回顾班级讲文明懂礼貌的目标，不断对他们提出新的要求。

其他班级管理事宜

学生课堂外出问题

小学和初中老师都认为，课上因为上厕所或其他原因学生进出教室是个很头疼的问题，为什么头疼呢？不允许学生出去，他们得忍着内急的尴尬，显得教师太专制，别人会觉得不可理喻。所以从一开学，教师应该和学生一起讨论上课进出教室的问题，商量怎么解决，上课中途进出教室就不再头疼了。

经验分享

用电子表格制作外出登记表，表格里有日期、外出时间、返回时间、目的地、外出缘由和教师姓名等需填写的信息栏。

开学第一天，教师对学生详细说明，课堂上如需离开教室外出，应填好外出登记表交给老师。

当教师正在讲课或指导学生时，不许有外出现象，只有在课上写作业时，学生方可填外出登记表。

外出登记表上每栏都须填写，并在学生回到教室时写上返回时间。学生填完表后得到允许才能离开教室，返回时老师要签名。一个学生一次请求外出只能有一个目的地，申请中途外出的学生仍须完成课堂作业。

有了外出登记表，教师可对中途离开教室的学生情况做一个备案：谁外出了、外出去哪里了、因何外出、何时外出、是否按表格所填时间返回教室了。

学生课堂交谈问题

常听教师们抱怨“他们总是安静不下来”、“我得不停地要求他们别说话，保持安静”、“他们根本就没听讲”，看来学生课上交谈真是教师们的一大烦恼。

要解决这个问题，首先教师需总结课上哪个教学环节容易出现学生交谈的现象，是在指导环节、授课环节还是作业环节？其实学生课上相互交谈讨论，也不违反班级规章制度。可能他们讨论的不是课上新学的知识，但只要教师引导有方，把他们的交谈转移到课上所学来，再稍加督促，让他们多多谈论功课是好现象的。如果教师再布置点趣味挑战任务，他们之间若能相互讨论绝对是件好事。

从本质上看，人是社会性群居动物，“三个臭皮匠，顶个诸葛亮”，集众人智慧，我们就能做得更好。人们有相互交流，才有机会表达思想感情；学生们有交流，才有知识与方法的传递，才能在学习上取得进步。即使他们只是在闲聊琐事，学生之间也会增进了解，班级内部关系变得亲密融洽。

“我的时间”和“你们的时间”

课上在适时的时候学生可以相互交谈，可以离开座位走动。但何为“适当的时候”？这里，教师要让他们明白两个概念：一个是“我的时间”，是教师的时间，即教师在讲课教学、指导学生的时间，再加上在全班发言和小组发言的时间，这统统是“我的时间”。那么“你们的时间”指的就是学生的时间，是他们小组活动或独立学习的时间（考试除外）。学生只有完全清楚了这两个概念，才会分得清何为“适当的时候”。在教师的时间里，学生们应该安静专心听课，十至十五分钟后，就是学生的时间了。他们自己学习、巩固、消化新知识。在这段时间，只要教师允许，他们可以小声交谈或处理其他事情。

在开学之初，教师可以跟学生这样清楚地解释“教师的时间”：“只要是教师在讲课教学、指导学生，或在班上发言时，那就是我的时间。在这段时间里，我希望每个人的注意力都在我身上，安静专心听我讲。和同桌交谈时在专心听课吗？当然不是！转身在书包里到处摸索，是在专心听课吗？当然不是！让我们来练习怎样才是安心听课！”学生练习完后，教师接着："现在如果老师给大家布置作业或安排小组学习活动，就是你们的时间。你可以拿学习用具、削铅笔或去厕所。"学生如果想喝水或去厕所，不及时解决生理需求，他们根本没心思学习（以上只是列举几项，教师得详细告诉他们不具体能做哪些事）。

为了让学生熟悉教师的各种手势指令，平时就要注意训练他们。先叫学生互相交谈或聊天或唱歌等，然后迅速做安静的手势，看看需要多长时间全体静下来。

学生们都很喜欢这样的训练，同时他们也能更进一步内化教师的要求，一个无声的手势比嗓门能更有效地将学生拉回课堂。

监督与纠正

在课上学习的时候，学生可以交谈，但教师一定要在他们中来回走动，监督交谈的内容。如果他们稍微有一两分钟的跑题，大部分时间还在讨论教师规定的任务，这也无可厚非。但是如果大部分的讨论都偏离了正题的话，教师就应说停止交谈了。当教师来回走动监督时，如遇讨论偏离正题的现象，应小心提醒他们回归学习正题，切忌不要当众批评。比如：教师可走到正在闲聊学生的后面，问一句："能告诉我你们都讨论什么了吗？"能看看你们的结论吗？他们绝对会立刻乖乖讨论学习，不再闲聊。

经验分享

在学生中间来回走动监督时，方法一：教师可用监督卡记录他们的表现：哪些在讨论交流学习，哪些在闲聊，学生在交谈中提出了什么问题等。方法二：在空白便签纸上记下学生姓名及表现，然后撕下直接贴到学生信息文件夹里。在家长会上展示所有学生上课表现的书面记录，以便与家长交流。

有时，教师只要在学生小组旁边站几分钟，听听他们的意见，提出值得深究的问题，也能避免课上出现与学习无关的交谈。

记录学生的纪律表现

监督卡

课上如何使用监督卡，步骤如下：

1. 在电脑上创建电子表格（见本章末监督卡表格），最上面的横栏里是监督学生课上表现的几个方面。后面留若干方格，如有需要，添加他们讨论时的表现与掌握概念或方法的程度等，以便综合评价学生表现。

2. 用数字记录学生违规次数，“1”代表违规一次，依此类推。对于概念或学习方法的掌握，每个数字则代表不同的程度。如有需要，数字旁边留点空间，还可写下其他评价。

学生姓名	无擅离座位	讨论学习	小组合作	学习方法
李刚	1 2 3 4 5	1 2 3 4 5	1 2 3 4 5	1 2 3 4 5
王明	1 2 3 4 5	1 2 3 4 5	1 2 3 4 5	1 2 3 4 5

5→优秀 4→良好 3→合格 2→欠佳 1→没有掌握仍需加油

3. 在电脑上一次做出一周所需的监督卡，不必每天早上到校后还得临时准备。

4. 教师需提前准备若干星期的监督卡，每天填写一张，填写前在表格顶上标明日期，以备以后翻阅。

5. 用监督卡记录学生的表现，如有学生出乎意料的讨论积极，思维敏捷，教师应特别记下，此记录可做学生评价手册的依据，也可做评选学生进步奖的参考。

6. 将填好的监督卡按时间先后顺序整理好放入文件夹收好，再用标签分档，六个星期或一个学期归一档都可以，把每张监督卡都妥善收好以免丢失。

7. 除了记录学生行为的优劣之外，还要善于发现每个学生存在的问题，家长会上，大家看完监督卡就能清楚地知道学生在课堂上的表现了。

纪律表现卡

有些教师用纪律表现卡记录学生的纪律表现。具体方法：用电脑制作如下的表格。每当发现学生不遵守纪律时，在他的名字后相应数字上画圈，代表违规的次数。例如：小红没完成家庭作业以及其他学习材料，那么教师就在数字“1”上画圈。之后，她和同学又起了争执，就在数字“2”上画圈了。小红的纪律表现卡表示她今天她共有两次违规记录，根据这天的违规次数来判定她有怎样的惩罚。每天的违规次数到放学就清零，不累加。不管是学生在教室里表现，还是在校园里的表现，纪律表现卡都能督促他们时刻注意遵守纪律。

学生姓名	星期一	星期二	星期三	星期四	星期五
张三	1 2 3 4 5	1 2 3 4 5	1 2 3 4 5	1 2 3 4 5	1 2 3 4 5
李四	1 2 3 4 5	1 2 3 4 5	1 2 3 4 5	1 2 3 4 5	1 2 3 4 5
王五	1 2 3 4 5	1 2 3 4 5	1 2 3 4 5	1 2 3 4 5	1 2 3 4 5

口袋表

在教室墙上班级班规旁贴上若干口袋表，每个学生都有一个口袋，上面标有姓名，然后用不同的颜色代表规章制度的不同条款（如，第一条用紫色标示）。

每次有学生违反了某条规定时，在该生的口袋表里放上代表该规定颜色的纸条，提醒该生没有遵守某条规定。因其视觉直观性强，此方法非常适合低年级，在放学时，教师记下每个学生的违规次数，然后清零数据。

奖励机制

仅仅靠违纪者惩罚来约束学生的行为恐怕不能有效解决纪律问题，现在也有建立使用奖励机制的说法，但是一些研究人员认为，奖励机制对学生的成长也有弊端。

我们所持的观点是，奖励可为一种激励学生自觉遵守班级规定的工具，当学生逐渐自觉遵守纪律时，这个工具就不需要了，因为推动学生积极学习的动力不是额外奖励刺激的，而是他们自己对知识的渴望。

在班里通过建立一系列的奖励制度来转变学生的学习态度及班级的风气，当情况有所改善时，教师可以渐渐减少奖励的次数，直到全班同学都能喜欢学习、自觉学习并竞争学习的时候，奖励机制就可以彻底退休了。有关奖励的小技巧：

◎ 不要频繁给予学生奖励，物以稀为贵。

◎ 奖励制度不是班级管理，前者只是后者辅助手段。

◎ 教师需采用适合本班的方法引导、启发、激励学生积极主动学习。

◎ 给每个学生公平奖励的机会。

记下优良行为举止

> 一位善于班级管理的教师关注的是学生表现好的一方面，而不是他们表现不好的一方面。

管好学生的言行举止不仅要记录他们的违规行为，还要记下他们遵守纪律、积极学习团结同学等等表现好的一方面。最好的奖励方式就是学生长期注意自己的一言一行，而赢得令其他同学的称赞新生的奖章。想知道怎样依据优良言行举止奖励学生光荣的奖章吗？看看下面介绍的方法。

自控法：在美国一所学校曾经实施过的一个学生纪律管理办法就是自控法，用纪律卡记录学生的不良举止或违规行为。在实施过程中，学生们要求十天无言行违规记录。到第十天时，学生能得到所有教师都签名通过的一张申请表，学生可凭此表从图书管理员（或学校其他部门负责人）领到一个印有该生照片和姓名的圆形徽章，这枚徽章代表学生的无上殊荣。学校和老师根据学生无违规的期限设立了不同等级的奖项，有周奖励、月奖励或学期奖励。此外，学生在一周内有三次违规行为，徽章将收回，想重新得到这枚徽章，只能严格要求自己，十天无违规记录。

特权法：在初中校园里，能进入优等生名单的学生或课上各方面评价都得“优”的学生能获得特权徽章。凭此徽章，学生能在午餐时进入图书馆或电脑室，还能得到其他老师下发的奖励。

前十名奖励法：教师制作一张横向为日期、纵向为学生姓名的表格，每天要记录下学生的言行，数字代表违规次数，五角星或笑脸代表表现优秀：当学生累积得到十颗五角星或十个笑脸时，教师颁发奖励，记录清零，记录重新开始。每逢周五在全班公开表彰在这个星期里获奖的同学。

低年级学生攻略：在每个学生的课桌上粘贴一个口袋，给每人一根小木片，并在木片上写上姓名。学生表现优异，每得到一个贴画就贴到木片上，集齐十张贴画时，可以去班里的百宝箱（内有很多小玩具、手工作品、铅笔、贴画或其他奖章等）兑换他想得到的奖品。

“绿黄红”分段法：绿色代表优良，黄色以示警戒，红色表示违规。当有学生不守纪律犯规时，就把写着该生姓名的夹子拨到黄色警戒段或红色违规段，若该生知错就改，到放学时都没再出现违规行为，那么他就可以回到绿色优良段了，全天表现都处于绿色段的学生放学时可获一个贴画奖励。另外，每个学生都在行为举止日历表上涂色，记下他们当日表现等级（红色违规、黄色警戒或绿色优良）。

如果您注重的是班级整体言行和学习风气的改善，而非学生个体的进步，那么每天或每星期师生一起评价班级的言行举止是否比以前有进步。若有明显进步，给班级颁发奖章，以下两个方法告诉我们如何评价班级的言行。

"罐子里的大理石"：在班上放一个罐子，当班级学生举止文明、遵守纪律或表现出优良品质等方面的进步，就往罐子里投一小块大理石。直到罐子里装满了石头，教师可带领学生在班里举办个庆祝会或集体欣赏一次电影或者实行其他的奖励方法。

班级进步表：采用这个方法需要制作一条符合校训的学习口号，鼓励学生努力学习，当整个班级的表现进步时，将带有班级标志的夹子沿着口号往前移。若学生各方面表现有明显改善或到达学习口号的终点时，全体同学都能获得一份奖励，这种方法也适用鼓励学生个体，尤其在训练学生阅读方面效果显著。

无论采用哪些方法，都千万注意不要把奖励成为变相惩罚。比如计划每周五放学前奖励没有任何违规行为记录的学生，这看起来是奖励，其实是惩罚。因为假如某个学生在周一或周二，表现优秀教师记下了他的良好言行，并得到一分奖励。可是到了周五，他没得够分，就不可获得周五的奖励。过了周五，一切记录清零，不累加分数，周一或周二的奖励分相当于被惩罚清除了，那他还有动力在整个星期里都自觉地注意言行吗？

正面鼓励性评语

教师善用正面鼓励性评语是营造良好课堂气氛的好办法，如时间充裕，可提前准备大量表扬赞美之词，口头的书面的都要有，以改善和保持班级班风。赞扬也是一种发给言行优秀的学生的奖励，给学生继续努力和上进的信心和兴趣。

在第1章里，我们讨论了教师应提前把课上所需学习材料备齐，避免无谓浪费课堂时间，这其中有一条就是提前准备涉及学生各方面表现的正面的积极的评语。下课铃响后，教师把表现积极出众的学生名字写在评语上，学生们出教室时递出去。您也可在课上口头表扬优秀学生。

还可将表扬评语用电子邮件发给学生，并抄送给家长。如条件允许，可在网上建立班级主页，还可以把表扬评语上传到网上，家长和学生看到那个最熟悉的名字列入了光荣榜，都无比兴奋激动。

还能想出其他表扬评语来鼓励全班学生团结主动学习积极进步吗？试着从学生品质方面总结评语，如团结合作、团队精神、诚实友谊、坚持不懈和个人优点等。

还有一个鼓励学生积极进步的方法，就是让学生们给班上某位同学写一条感谢或者赞扬评价。

若他们觉得自己写的评语读出来很难为情，评语上可不署名。写好评语后放入教师事先准备好的小盒里，在课堂的最后两三分钟里，教师拿出他们的评语在全班宣读。可想而知，这样当众被表扬，学生心里会受到多大的触动和鼓励。最后，给这个活动取个有意思的名字，如“快乐魔盒”等。

您可找一个鞋盒，表面糊上纸，再做些装饰变成一个吸引眼球的魔盒。注意把盒盖单独糊纸，不然整个盒子就打不开了。在盒子上方划开一条缝，学生写好的评语可从这条缝放进去。不过教师要用快镜头给学生演示，把评语放进盒里，他们就知道盒子的用途及接下来的任务了。教师会发现当学生听到自己被别人夸奖赞扬时，脸上肯定乐得像朵花，最重要的是心里会想还要做得更好，还要在全班受表扬。

结　语

按照期望与规程，每天训练培养学生有规律、有礼貌地在校园学习知识及如何与人相处，才能建立一个纪律良好、学风端正的班级。教师还需采取多种方法引导鼓励学生积极主动地学习，并自觉遵守各项规章制度。为了让学生在允许的范围内更加自在地学习和玩乐，教师要明确告诉学生这个范围界限。虽然有时学生会以身试法，行为越界，但是最终会明白每个学生都不能越过允许的界限。

教师制定的各种制度和规程都必须认真严格实施，言出必行，才会让学生信服，才会赢得学生的尊敬。如果班上的规定一天一换，学生成天都不知道哪些是正确的行为，很容易互相争吵打闹。

班级管理需要时间和精力，贵在坚持，贵在时刻关注学生的行为举止，稍有松懈就会功亏一篑，班级学习成绩也会直线下滑。可以说，学生的知识水平及道德品质修养全在于教师的精心谋划与全身心的奉献。

附表1 监督卡

日期____________________ 班级____________________

这些数据表示教师监督学生的各个方面以及他们的行为表现评价。

学生姓名	1	2	3	4	5

附表 2　关注学生须知

日　　期__________　　学生姓名__________

学　　号__________　　年　　级__________

科　　目__________　　教　　师__________

咨询老师__________

敬告家长或监护人：

◎ 您的孩子学习很吃力

◎ 您的孩子发展趋势令人担忧

◎ 您的孩子不良行为举止容易导致过激行为

◎ 您的孩子由于学习吃力，不愿意参加课外活动

◎ 您的孩子需要定期的学习辅导

星期一　星期二　星期三　星期四　星期五　星期六　时间：__________

学习吃力的表现：

不完成作业　　不带书本或其他学习材料

测验成绩不佳　　不能按时完成学习任务

学习效率不佳　　不听老师教导

严重缺勤　　学习劲头不佳

学习不用功　　其他__________

不良行为举止：

课上频繁交谈　　有错不改

续附表2

破坏课堂秩序　　　　影响他人学习

学习态度不端正　　　　不尊重师长同学

其他________

家长或监护人需要和教师约定时间交流学生学习情况（时间表如下）：

交流时间：________________

首选时间：________________

次选时间：________________

（请签字并递交回执）

家长或监护人签名：______________　　日期：______________

第 4 章

备课与布置家庭作业

1979年，美国教育学家马德兰·亨特研究发现，所有优秀教师无论其从教年级、所教科目、教学风格或学生基础，他们的教学方法基本一致。基于这个发现，他提出了教师的备课要素：教学目标、教学标准、学生参与、教学过程（即知识输入、举例、讲解、检查理解程度）、指导联系、总结收尾和学生作业。结合教师的实际工作，这七个要素也可作为备课的要素。

教师的备课情况会关系到讲课，也影响到学生的课堂行为、学习积极性等。在前几章我们已经介绍过，学生们一眼就能看出教师没备课，明白了这点，他们很可能在课上大肆喧闹，跟炸了锅似的。面对这个局面，教师根本无法讲课，脑子里只想如何恢复课堂秩序。

另外，备课需要用心，找出学生兴趣所在，不让他们在课上觉得沉闷无趣。

因此，精备细备还能提醒教师时常变换不同的活动方式来满足不同学生的需求，并养成精备的习惯，一直坚持下去。教师要做的不是照本宣科，而是调动各种手段来激发学生的兴趣并鼓励他们在学习上取得更大的进步。在这一章里，我们重点在精备教案上。明确地说，备课的过程虽非上述所介绍的七要素或七步骤，但亨特提出的基本要素均含在其中，即教学目标、知识简介、课堂过程、练习、应用、总结和作业。

即使手头已有所教科目的教案了，必要时教师也需做出相应的调整，来最大限度地满足学生的学习需求。有时可能发现，课堂氛围与性格和教学风格稍有对立，在这种情况下，就要调整其中的一些步骤和学习活动，来反映出作为教师的应变能力。

教师的确会发现有的教案在调动学生积极性及吸引力上有所欠缺，看完本章及其他章节的教学思想及方法建议，就会逐渐学会对教案进行再加工，调整调色等。不过最重要的还是看看教案里是否包括备课的七要素。

反省时刻

你备课写教案是否有一定的模式？你有时会觉得课堂上自己讲得乏味，学生听得也无聊？想过什么原因造成的吗？每份教案都需包含的要素有哪些？您觉得教案是写出来还是仅仅通过课堂表演出来？

备课中的省时妙方

备课时应该精备细备，下列介绍在备课上课过程中省时又省力的妙方。

学校专用备课本只够写下教案的大纲，没有多余的空间写出完整详细的教案。看起来省事，其实这对教师的成长有百害而无一利。假如某天教师需要请假，那代课老师将无所适从，如果教案很浓缩很简洁，代课老师该不知从哪下手了。若从一开学就精备教案，就不会出现这种问题。

另外，课上教师一时忘记了下一环节的内容，手捧教案看着可怜巴巴的几个字，恐怕课堂也很难进行下去。

电脑管理资料在电脑创建文件夹，定期将各种资料存起来。文件夹可按时间归类，如每周创建一个，将这段时间里的教案、课堂活动计划、给家长的信等都存入这个文件夹，也可按学习内容，每一个单元创建一个文件夹，如有下发给学生的材料没有电子版不能存入电脑的，可以扫描之后放入文件夹。

一天计划一周

每星期抽出空闲时间较多的一天来计划下一周的教案，以及备齐所需的材料。许多学校的领导都要求教师周五时上交备案复印件，如遇突发时间教师在上交日期前应留出时间准备教案。最重要的一点就是贵在坚持，要督促自己坚持提前一周备课写好教案，怕自己忘记就在日历上标好，时刻提醒自己。

模式套用

套用教案模式能省下不少时间。在电脑上已经准备好一周的教案，可以把它复制到下一周的文件夹里，只需做些必要的改动即可，不必再一字一字敲进电脑，省时省力。

备课步骤

教师们面对这一学年所要教的学科课程，首先要确定两点：一、教学工作必须符合国家规定的课程标准；二、学年末学生要参加测验，评价他们对知识的掌握，同时每位教师都想让自己的课堂像磁铁一样能时刻吸引学生，激发他们的求知欲，下面所列四个步骤是备课时必须经过的。

1. 弄清应教哪些内容，可参考国家规定的有关科目某个年级段的教学范围、教学顺序等。

2. 根据课程具体内容，将知识划分为若干单元，并在备课过程中，把枯燥无味的知识转变成学生们喜闻乐见的事物。例如，某单元学习内容全是名词，平铺直叙逐个介绍很乏味，不如把名词都编成一个个的谜语，他们上课的反应会大不一样。

3. 在台历上划出开学前六周，写出这段时间的教学大纲，无需包括很多细节，但要勾画出这段时间的教学轮廓，如果担任几门功课的教学，就要为每门科目拟出教学大纲。有了大纲的指导，才能具体设计每堂课的教案。

4. 如果上交的是开学第一周的教学大纲而不是教案，那就很简单，如果校长要求可套用第一周的全部教案的话，教师可能要花整整一天的时间完成。可以套用下面的模式。

日期

教学目标

您希望学生掌握哪些知识与技能

教学用具

为达到教学目标，课堂上所需的工具

教学过程

为达……标您安排的各个教学环节

评价方法

如何测试教学目标的完成程度

授课过程

学习用具

备齐讲课和课堂活动所需的学习用具也同样重要，学习用具包括教材、学生笔记本和其他物品等，教师应列出详细清单，并提醒学生把他们日常生活中不常用的工具带来，以备不时之需。有时给学生讲解某一特定内容，就会用到，这样就不必花时间到处寻找了。

课前准备

随着上课铃响同学们走进教室，教师需略施小计让学生平静下来进入上课的状态。教室里的讲台、天花板、黑板都成了司空见惯的摆设，教师偶尔让学生看看黑板，引导他们进入学习的状态。恐怕他们还是一片茫然，不知道应该做什么，可想而知这种茫然带来的后果，因此，教师必须安排课前预热活动，有的学校也称作缓冲运动。

这些活动都可作为预热：

◎ 动笔写学习日志。

◎ 可提问低年级学生有关日历、月份的问题，联系如何根据日历安排学习。

◎ 句子改错练习。

◎ 简单复习以前的知识。

◎ 列举一年四季、一周七天等类似常识性问题。

◎ 地理小知识。

◎ 认识各省、科学家或探险家等。

◎ 数学趣味题。

◎ 复习回顾昨天上课内容。

◎ 复习词语。

◎ 小测试。

◎ 浏览板报内容，讨论最近接触到时事新闻，学过的词语。

◎ 完成每月小练习，如地理、数学、科学等，巩固各科基本知识。

◎ 猜谜语。

教学目标及标准

在这节课结束的时候，你想要学生学会什么、能做什么，教学目标要与教学标准一致，还要写下来课后评价教学目标的完成情况。

课堂上该怎样做才能完成教学目标呢？一般来说，授课过程可以分为导入、举例、小组练习应用、提问、单独练习、学生作业。课堂上多样化的学习活动、与现实生活的紧密联系，知识的应用均能体现教学活动行之有效，有利于打造实效性启发性课堂。

写好教案的讲课过程部分后，用下列标准衡量设计的课堂活动。

◎ 有大部分学生能参与到活动中去。

◎ 能适用于不同层次的学生。

◎ 学生能积极参与。

◎ 有助于学生完成学习任务。

例如：

教学目标：学生能认识辨别地球内部的三个构造层。

教学过程：

1．学生以小组的形式，将桌上的桃或李子切开，削出一个楔形的切片（需在新鲜水果上切下大片）。

2. 小组观察桃的切片，并在纸上记下观察结果。

3. 各小组之间讨论交流观察记录（他们的观察不尽相同）。

4. 内容讲解：学生在笔记本中记下讲课中的重点内容。

5. 学生动笔画出地球，并标出地球不同地质构造层。

6. 两人一组，在表上比较对照地球和梨的构造（如时间允许，这步可做拓展）。

漂亮的开场白

漂亮的开场白，或者叫作预设，能抓住学生的眼球，从一开始就将他们吸引到所学内容上来，干脆利索，开门见山。下面介绍几种直入主题的方法。

◎ 物体直观：无论学生处于哪个年龄，他们都喜欢摆弄物体，喜欢拆卸、组装、搬弄、涂色，喜欢把手玩得脏兮兮的，教师可以考虑以下动手学习的活动。

· 拆开礼品盒

· 动手做小实验

· 改变常见物体的形式（如切开水果）

· 物体的分类、数数、排序

◎ 趣味幽默：学生都喜爱趣味与欢笑，下列方法既能逗乐他们，又能自然过渡到课上所学内容。

· 动画片

· 小笑话

· 幽默短片剪辑

· 趣味儿童读物

· 幽默图书

◎ 让学生动起来：规规矩矩地坐着远没有动起来能活跃气氛。

· 让学生离开座位去寻找某物（寻宝）

· 小游戏

· 简短的模拟场景

◎ 展示有趣的现象：讲述奇人趣事或鲜为人知的逸闻，将学生直接或间接导入新课的学习。

教学环节过渡

我们经常认为过渡是指课间或学习活动之间的空闲时间，课堂其实也有过渡，而且教学环节之间的过渡及融合，是教案设计里必须考虑的重要方面。各环节或活动之间的过渡要巧妙自然，要能在不同的知识之间搭建桥梁。为了做到这点，教师设计的各环节必须符合逻辑顺序，首先要简要介绍重点内容，然后开始一点一点攻克重点。完成教案后还要思考，这样的顺序是否合理，各环节紧密相连吗？课堂活动之间是一环扣一环，还是杂乱无章地拼凑在了一起？无论教什么科目，要想提高课堂效率，就必须处理好过渡。

课堂评价

备课时，教师还需理清评价学生对知识掌握程度的方式，评价方式是否合理，主要看检测学生学过的什么内容。备课前，认真思考如何完成教学目标，让学生把知识都学会了。你会采取动笔测试、课堂活动、小组任务还是学生背诵及运用？

一旦确定了评价方式，您就得注意课上的内容及小组活动都是评价的铺垫，例如在介绍地球这课时，看到有地球模型可做教学用具，那么在图表上标出地球各构造层的名称就很适合评价学生的掌握情况。课上，只要教师利用图表或模型详细讲解了构造层极其名称，评价结束后学生到底学到多少教师就一清二楚了（详情见第四章有关评价部分）。

总结收尾

总结收尾是课堂重要的一部分。在日常生活中，我们经常会说，旧事物收场新事物才能登台，课堂亦是如此。教师刚刚花费大量的时间讲解某个知识点，随后话锋一转，又开始学习另一新知识点，完全没有一句总结性的收尾，弃学生于不顾。事实上，在学习新课前，教师需总结前一课的要点。下面介绍一些总结的建议。

◎ 调动学生积极性。

◎ 提问学生课上都学什么了。

◎ 在学习日志上，写下对所学知识的感想并在班上互相交流。

◎ 提问学生课上所学内容与他们的个人生活有怎样的联系。

◎ 展示直观物体或用一条名言警句来结尾。

还有一点很重要，那是结尾要真实，学生通过这个结尾能分析运用并完全消化所学知识，单元学习末尾总结尤为关键，即使是每天都总结一点以前的知识也不夸张。

教案样本

1. 预热，让学生动起来。请一位自告奋勇的同学将双眼蒙上后，在教室里摸索方位，所有其他同学不能出声，稍后，将全班学生的眼睛都蒙上，并要求他们摸索走出教室。接下来，大家一起讨论没有帮助提示，摸索方位的难度。最后，将学生分成两人一组，一位蒙眼，另一位学生可告诉他的伙伴怎样走。

2. 思考、理解和内化这个活动。预热活动后，问问学生（或小组）

是怎样根据别人的提示辨别方位的。当我们失去视觉后，还有哪些感官能用呢？（引导学生讨论听觉的作用）。在刚才的活动中，听觉是起了“导游”作用吗？如果班级里有看不见的同学，大家讨论如何帮助他（她）到处走动？他用哪些感官判断方向？他用什么外界工具？这些问题能帮助学生内化预设活动，以及过渡到内容讲解部分。

3. 将学生的亲身经历与课堂重点联系起来，还有哪些动物不依赖眼睛，依靠别的感官判断方位的（蝙蝠、鲸鱼以及夜间活动的动物）？

4. 将预热活动延伸到某个故事或课文上。“我给大家读个故事，故事中的动物也和刚才自告奋勇的学生一样，眼睛看不见。”

5. 将故事或其他课文与所学内容联系。

6. 讨论故事或课文，大声读故事，利用前面环节的背景知识与有关词汇联系今天的内容。

7. 内容讲解，提问学生。关于蝙蝠我们还需了解什么呢？请学生回答出先前的问题。

8. 联系故事与课文，认真讲解重点内容，之后带领学生做学习活动。

9. 比照课上的几个活动，思考课文重点内容以及前面有关知识与活动有怎样的联系。

10. 学生独立联系所学，根据温习图表上显示的异同点，提问学生：如果有可能，你愿意是蝙蝠还是鸟？在纸上画出他们的答案，并说明理由，之后学生之间交流各自的答案。

11. 总结收尾。在众多有关蝙蝠的现象中，学生在纸上写下他们最感兴趣的两点，完成后互相借鉴答案，在下课时交于教师。

教学经验丰富的教师注重教案设计和课堂活动的多样性，有利于将学生引入重点内容的学习，从而顺利完成教学目标。

请注意在这堂介绍蝙蝠的课上，教师怎样反复回顾预热活动及故事朗读。课堂每个环节与下一环节紧密相连，从头到尾如行云流水一样自然，在每堂课上教师们应该要求自己，在学生已有的知识结构上，引入、延伸新知识，直到这一单元结束。

反省时刻

教案上设计的各部分在逻辑上是否紧密相连的？在备课写教案时考虑这个问题了吗？内容导入部分作用如何？他们迫不及待想学习这课的知识吗？如果不是，怎样给这课加上一些闪光点？

家庭作业的衡量与评估

“今晚的家庭作业是……”每当教师们布置作业时，班里总是一片牢骚抱怨。学生们对家庭作业总是不情愿，即使他们完成了作业，也不是用心在做作业。教师们深知他们都反对作业，可为什么还一天天地布置呢？家庭作业真的有必要吗？

在十年前，经过研究人员的调查，发现人们认为家庭作业能巩固学生的学习，是有利于学生成长的。博尔斯和特伦指出父母给孩子学习资料和家庭作业是越来越多，这已成社会普遍情况，然而最新的研究发现，家庭作业对六年级至高中学生有利，而对于五年级以下至幼儿园的小朋友完成是在浪费时间。

您布置家庭作业的目的是什么？

根据我们的教学经验和对学生的了解，在小学阶段，家庭作业对巩固学生的学习作用不大，在孩子们这段汲取知识的黄金阶段，学生们在课堂上完成作业比放学回家作业，效果要好很多。原因且看下面：

◎ 教师可在作业时指导学生，学生也能看到自己的努力是否有收获。

◎ 教师可以纠正学生理解有误的知识，可以辅助学生更正作业中的错题。否则学生记住的都是错的知识，课堂上等于白学了。

◎ 学生在课堂上写作业，教师在指导过程中，也能弄清学生对知识的掌握、对学习方法的运用。这样在课上边写边巩固知识与学习方法，比学生自己在家瞎写一遍强一百倍。

对于年龄大一些的学生，教师为了潜移默化地灌输自律和责任的价值观，可适当布置家庭作业，作业能培养出他们的“职业”道德，注意作业一定要适当。

教师们应该这一点，同样的家庭作业有的学生就得花几个小时，而有的学生15分钟就能完成。学生完成5道两位数的乘法题，教师就能明白学生是否掌握了乘法，那为什么还要布置25道题呢?

下列五个方面会影响到学生做作业的能力。

◎ 孩子多的家庭通常很吵闹，而且可能学生回家还得做家务。

◎ 放学后，学生们回家，大部分时间都没有父母的监督。

◎ 家庭困难的学生在家也许没书桌可以写作业，或缺少必备的学习用具。

◎ 年龄大的学生可能放学后还要做兼职，勤工俭学。

◎ 还有学生在家得做不少家务劳动，或是在校参加了很多课外活动，包括运动、宗教、俱乐部、社区服务和家庭纠纷等，这都分散了学生的学习精力。

家长们大多数不赞成教师布置作业这一做法，经常与孩子一起敷衍教师。孩子们上课没学会，家庭作业自然也无法下笔，家长要么替孩子完成，要么教孩子草草完事，错题连篇。之后学生在课堂上通过教师的讲解或指导先更正脑海里错误的理解，再把正确的知识记住，对教师对学生都很痛苦。

关于家庭作业的问题一直众说纷纭，无一定论，而没有争论的是：一、给学生留着课堂以外的任务是他们学习的一部分。二、每位教师都曾经体验或正在体验收不上作业的苦恼。如果家长因为孩子的作业与教师发生点误会或摩擦，教师就再难收上作业了。同时，作为教师，应该理解父母和孩子的家庭生活，不应以课业为中心。因此学生的作业量要适当，不能成为他们的包袱，与教室里其他因素一样，作业量也要适度和谐。我们自问：家庭作业是不是太多了？学生没时间写？还是两者兼有？

教师考虑家庭作业时，需谨记以下几点。

◎ 尽量在课上完成作业。

◎ 不要给低年级学生布置家庭作业。

◎ 给高年级学生布置家庭作业时，尽量减少作业量。

◎ 如需布置家庭作业，确保作业内容少而精。

◎ 勿用家庭作业完成情况衡量评价学生的学习。

合理组织，科学安排学习

如果学校或家长要求教师布置作业，那就一定要教会学生合理安排他们的学习。通常他们不太会保管作业本和辅助资料。上完几节课，有些东西就找不到了，没有辅助资料或相关材料，他们根本完不成作业。怎么解决这种现象呢？看看下边的方法。

> 教会学生组织安排技能很重要，在将来他们受益无穷。

◎ 学生准备一个作业夹，一边放没写的作业，一边放已完成的作业，在两边贴上标签，以示区分，初中的学生还要用标签区分不同的学科，上面搁未写的作业，下面是完成好准备上交的作业。

◎ 培养学生保管练习册、试卷等有用的学习资料的习惯，所有资料按科目放到学生记事夹的相应位置。

家庭作业流程

家庭作业流程很关键。有了流程，学生及家长才能明白教师对作业的要求，您可把作业流程及要求打印出来，发给他们及其家长，学生记事夹中也备一份（第四章中有详细例子）。作业流程应包括：

◎ 每晚或每周固定不变的作业部分。

◎ 是否要求家长每周签一次名。

◎ 家庭作业什么时候上交？交到哪里？

◎ 不交或晚交作业如何处理？学生上交作业的期限，逾期会对作业得分有何影响？

有关家庭作业的小技巧

◎ 对于按时上交作业的学生要提出表扬。

◎ 如有上课缺勤的学生，可酌情给两天时间内补上作业。因为他们要完成现在的和缺勤的两份作业，所以时间上稍微宽限一点。

◎ 每天上交作业时，晚交作业扣一分，五分为界，晚交扣到五分时如何处理，事先跟学生讲明白。

◎ 每天提醒学生保管好作业，以防丢失，还有许多同学忘记写作业。

◎ 在上课前和放学后学生可补上未完成的作业，教师从旁指导。

◎ 在教室里规定一处专门放作业本等待教师批阅，将这一规定延续一学年。不必时时改换地方，以免造成学生的混乱。

◎ 要求家长在家庭作业流程以及作业惩罚措施上签名，然后放入学生的记事夹中。

◎ 若完不成作业就惩罚学生不许休息，这样只会适得其反，学生们都敢怒不敢言。

批阅作业

家庭作业唯一的作用是灌输及培养学生自律及责任感的价值观，它不能作为评价学生学习程度的工具，因为家庭作业牵扯到的变数太多，许多因素都会影响到作业的完成。学生作业完成了教师检查合格，作业没完成，教师画个减号表示作业没完成，这样督促学生记住作业时他们的责任，只此而已。

家庭作业的成绩评定应将纳入平时的出勤分，但在评定学生综合成绩时，家庭作业成绩不宜占太大比重，课堂作业和家庭作业应该共同占大比例计入综合成绩，以便真实准确反映学生的学习情况。

结 语

一节成功的课堂关键之一即为认真备课，精备教案。没有认真备课，精备教案，教师毫无准备就上台讲课，结果可想而知，学生们听课也听得稀里糊涂，大家乱成一片。备课比教学大纲中的标题和要点指导性和实用性都强得多。备课包括精心设计教学目标，安排吸引学生的课堂活动，为学生量身定做的评价方式。打个比方说，备课就像一个盛满各种教学方法的魔罐，如果用正确的方法倾倒出来，里面盛的方法会自然顺利地流入另一个容器。否则，方法不当，里面的方法、技巧会撒得到处都是，凌乱不堪。

附表1　小学教案模式

日期__________________

教学目标：

学生能够……

学生能够……

学生能够……

教学用具：	家庭作业：
阅　　读：	语言艺术：
数　　学：	社　　会：
日　　志：	今日词汇：
今日用语：	地理常识：
每日数学：	教学过程：

注意事项：以下课堂时间都为半小时，如有必要，请调整教学环节。

见下面的教案样本。

8:00–8:30________________	8:30–9:00__________________
9:00–9:30________________	9:30–10:00_________________
10:00–10:30______________	10:30–11:00________________
11:00–11:30______________	11:30–12:00________________
12:30–13:00______________	13:00–13:30________________
13:30–14:00______________	14:00–14:30________________
14:30–15:00______________	

附表2 初中教案模式

日期____________________

教学目标：

学生能够……

学生能够……

教学用具：

家庭作业：

日志：

今日词汇：

每日预热活动：

教学过程：

1.____________________

2.____________________

3.____________________

4.____________________

5.____________________

6.____________________

7.____________________

第5章

课堂教学的反思评价

在备课、讲课、评价部分必须考虑到评价方式。首先，您要明确评价的内容（即教学目标）；其次，评价方式要随着教学目标环节的变化；最后，教师还需思考坚定评价的结果。大多数时候教师们都跳过了评价的前两步，集中关注第三步：最终的评价结果，这似乎是章节末或单元末的测验结果，测验题里包括多项选择题、论述题、填空题等比较正式的评价题型。课上教师用的非正式的判断学生的学习进度评价方式效果怎样？备课时又是如何斟酌评价方式的呢？

此外如果在备课及讲课的过程加入评价方式，那如何评价呢？用什么方法评价呢？用这方法评价学生的知识与成绩有多大成效？

当我们考虑评价方式的时候，注意：

◎ 时刻注意自己评价方式的原则和手段，力求评价出学生的真实水平。

反省时刻

你是一直自觉坚持推敲评价的方式还是只当它是走过场，在每一单元结束后给学生判定成绩？

◎ 如何选用合适的评价方式对教师是一种挑战，要认真对待。

◎ 作为教师，要与时俱进地随着不同的教学方法及需要来改变或调整评价学生水平的方式。

◎ 优秀的教师经常反思他们的评价方式。

评价方式的原则

比起判定学生成绩的“优”、“良”等，评价所包含的信息要全面详细，而且教师评价很频繁，能具体反映学生所取得的进步，看出他们哪些知识学得比较扎实，哪些掌握还很薄弱，还能反映出他们到底学到了多少。例如某个学生写作能力差，不擅长组织语言表达，然而每次评价中都有一道社会研究的论述题，教师会如何评判他的得分呢？如果变换评价手段，让学生们口头表达对所学概念的理解，也许他能说出学到的知识，甚至会滔滔不绝地讲出美国内战时期的所有历史事件。可是评价手段从口头变成了书面的话，他就只能得很低的分数了。这对他在历史方面的关注与努力公平吗？此种现象确实值得教师们深思。

教师的课堂应该反映出评价手段。如果要求学生画一条时间线，并标出美国革命时期重大历史事件的日期，那么教师在讲课时就要教会学生时间线的使用方法及模式；如果要求学生完成论述题，那么课堂上就要有全班讨论的活动，这样学生在评价过程中才会有好的想法和观点表达出来。

另外，教师应向学生清楚说明要求与目标，比如要求学生学会小数与分数的区分比较，就清楚地告诉他们。

如果不跟学生说清楚要求和目标，他们也就达不到标准，而且也无从了解他们到底学会了什么。

学生要准确清楚地知道评价的事项，教师需用简单的句子和词汇传达，太长太复杂的句子反而让学生听不懂教师的意思。保险的方法就是把要传达的信息写下来，检查句子是否简单明了，如果学生们都不明白教师的评价方式，那评价的结果根本就不能反映他们对知识和技能的掌握程度。

评价的种类

正式的评价方法衡量学生课上与课后对知识的理解，对教师反省改进教学有至关重要的意义。比如评价结果清楚显示学生没有达到预期的掌握程度，那教师就应重新为学生讲解，知道重点难点，力求班上大多数同学都能真正掌握。

总结性评价是学生完成一个单元后，开始新单元之前，教师对学生单元知识学习情况进行检测的一种评价方法，其结果可作为学期成绩的参考，反映学生一学年的学习情况。这类评价都是当地教委统一出题检测，提醒包括多项选择、填空、连线、论述等。当学生结束一个单元、一章或一学期的学习，就会统一参加检测，看他们对知识的掌握与应用是否达到了教委的目标。现在一些灵活的评价方式的出现让人们看到了传统的检测将会被取代的希望。

应用性评价方式要求学生真实展示怎样将课上所学的知识应用到现实生活中，评价内容通常为：给当地政府写封信讨论如何解决社区问题，有时也会要求学生完成一份商业计划评估，包括一份商业企划案和一张启动资金预算。在书信单元中，学生学会了用亲切、委婉的语气劝诫某人。之后，他们被要求给父母或朋友写一封信，信中需劝诫收信人接受他们的提议。学生是否真正掌握这一单元的要点，教师审阅过他们的书信就会明白。必要时，教师也可指导学生做相应的修改。最后，他们还要把信寄给收信人，检查他们是否会正确填写信封。

评价的频率

并不是每单元末才有正式的评价，教师应每天每节课都设计相应的评价，随时检查学生对单元知识的理解，您可参考以下建议。

便签贴纸：在课堂最后两三分钟，学生们在便签纸上写下三个课上学的知识点。去两元店买便签纸时最好选择粉色或柠檬绿，能吸引学生注意力。在学生伏桌沙沙动笔时，教师可在他们中间走动，看看他们写的是否正确。

“凭票出去”：学生回答教师一个小问题或快速说出课上的某个知识即获得出教室的“票”。

浓缩精华：学生单独或集体总结课上所学，不超过140字。

灵活的评价方法

许多教师都在头疼：总结性评价如何脱离白纸黑字的考卷呢？在这里我们介绍几种灵活检测学生的评价方法，不过得根据不同的班级不同的学生采用不同的方法，不一定每一种方法都得用到。无论采取何种方法，一定要注意适当、灵活地评价学生。

观察评价法

教师的眼睛要敏锐，要密切观察学生的一言一行。课堂上，校园里，与学生劳动时，游戏玩耍时，与教师的接触时，都是评价他们的机会。

随身带个小木，给每个学生几页的空间记录下评价以防可能有时评价结果会比较详细。

学生们在教室里一般都爱交谈，教师在这个时候观察他们是如何交流、学习、交流生活，看看有没有检测压力下的真实表现。另外在小组讨论时也能观察他们的表现：他们参与讨论了吗？在讨论中对论述题是否发表了有价值的观点？是否正确应用了课上的知识？

温习评价法

教师要求学生独立温习以前的知识或概念时，他们需自觉对自己的功课负责，需用自己的语言重新消化理解知识，此时教师可根据他们自己的语言来判断学习和掌握情况。学生阅读书本或语段或完成一单元的学习后，也可在学生完成他们的作业后进行。无论何时评价学生，都必须给学生做个清楚的示范，让他们明白是怎样评价的。否则，学生们用自己的话说得根本不切主题，您也无从真实评价学生。

知之与不知

在灵活评价学生时，可这样操作：学生每人一张纸，对折，一半写上“知之”，一半写上“不知”。在“知之”那边，他们写下学过的课文、知识、概念等等。在“不知”那部分，写下他们还没有掌握的，教师收上他们的纸时,立刻就能明白在以后的备课中,还需解决学生的“不知”。

知识网或知识树

知识网或知识树是一种总结梳理知识的评价方法。面对书本中纷繁复杂的现象本质、概念，教师引导学生寻找各个知识点的联系，并用网状结构图或树形图总结整理出来。

位于核心位置的是主题，四周辐射出许多与主题有关的知识或概念，也许分支还会散开更小的分支。教师通过网状图或树形就能看出学生对整单元或整章节的把握。

综上所述的几种评价方法，教师在评价学生前一定要给出清楚的示例，尤其是给学生示范知识网或知识树。

“我学到了……”发言会

在课堂上的小活动（例如影片欣赏）后，让学生们各自发言，“我学到了……”看他们是否达到了设计的课堂活动的目的，如果某一单元知识复杂繁多，教师还可用这种发言会巩固知识代替纸笔测试。

在发言会上，学生们可就最近所学畅所欲言，时间限制为五分钟，这样他们必须摆出主要的概念，定义与知识点，摒弃细枝末节，这与布鲁姆“信手拈来的重点”的教育思想不谋而合（详情见第七章有关布鲁姆的介绍）。

总结发言

比起“我学到了……”发言会，总结发言比较详细深刻。在阶段性学习告一段落前，学生们需用一段话总结出这一阶段的知识脉络，书面、口头亦可。总结的要求就是学生们要缜密思考，将各部分知识有机联系起来，组成一个整体，而非一些毫不相关的零散知识。

提问学生

教师就课上的知识点提问学生：评价学生掌握的情况，为保证每人都有回答问题的机会，每个学生的提问时间最好不超过五分钟，而且教师提问时也要有技巧，问题要有层次，由易到难，简单的问题给学生自信和成就感，难题考验他们的推理能力。在学生回答问题时，记下有用信息，便于评判成绩和存档工作。

有关图表评价

教师还可让学生用生动的图画来反应所学的知识，下面是此类评价法的典型例子：

插图加字幕	字母
卡通图画	图片坠饰
运动物体	实景模型
贴图	图表
曲线图	宣传画
旅游指南	知识网状图

任务型评价

任务型评价是一种良好的评价方法，能激发学生积极运用知识和技能，解决遇到的问题，完成教师布置的任务。在布鲁姆认知技能分类法的指导下，学生一定会顺利完成教师布置的任务或作业，并以此经历运用所学解决更多的难题。教师布置的任务可以是搜集相关资料，可以是模拟现实或历史场景，也可以是制作物品、小机器或合乎规格的框架结构。

学习效果检查表

当学生们面对一项时间较长的调查项目的作业时，教师可用学习效果检查表关注他们的作业进程及学习评价。每次作业时都让学生填写一张检查表，在根据填写情况评判成绩。学生填完最后一张表时，教师才能综合评价他们。课上他们一边处理作业，一边可填写表格，教师围绕教室走一圈就能弄清学生是否紧跟着指挥。运用布鲁姆的关键理论指导，教师可做出一张考察全方位思考能力的检查表（详细见第七章）。

反省时刻

你评价学生的原则有哪些？你采取的评价方法都准确反映了学生的学习和进步吗？现在都使用哪种方法？各评价方法的使用均衡吗？你还能采取怎样与众不同的行动呢？

作业夹评价

许多教师不选择作业夹评价学生，因为不了解何为作业夹，怎么使用作业夹。作业夹纸收录最优秀的作业还是兼收并蓄，从不合格的作业到满分的作业都有，看看学生在作业上的进步，教师怎样批阅作业夹里的作业？已经批阅过的作业，还会重新判吗？以下就来简单介绍，如何利用作业夹。

目　标

利用作业夹达到什么目的？教师和学生都有哪些与众不同之处？教师根据班级的具体情况提出一个整体目标，体现班级的特色。下面介绍整体目标的内容。

◎ 学生成绩进步。

◎ 学习方法的掌握。

◎ 用在学习上的时间。

◎ 学生作业的收集。

整体目标应该体现教师、学生以及班级的特色。

评价内容的几个方面

使用作业夹前，教师应考虑清楚如何批阅作业。再强调一遍：作业夹的目的、作业夹的评判与之紧紧相连。

◎ 作业夹里的作业质量。

◎ 作业夹里的作业数量。

◎ 作业体现的进步。

◎ 学习知识的方法。

评判作业夹最简单的方法就是参照总体目标分等量化作业夹。无论是从总体目标上看整个作业夹，还是从细节上看其中的每份作业，教师都要善于从中发现值得肯定的地方。比如，教师的目标是查看这学期同学们课上所学知识的数量与质量，那就应该从每份作业的正确与否、完整与否等方面评判作业等级，用数字1到4为每个方面评出不同的等级：

1 不合格　　2 合格　　3 良好　　4 优秀

再综合各个方面的得分评出作业夹的分数。

评分时还需参考其他教师的意见，确保评分更加公正更加可信。因为教师看到某个学生尽最大努力完成作业，尽管不是很完美，够不上优秀的等级，但是可能带点私人情感，评出比其他教师多很多的分数。其他人对该生没有任何偏袒，评出的分数所以更加公正更加可信。

您再将这两个评分相加算出平均数，作为该生作业夹的最后得分。

学生参与

作业夹的评阅同样也需要学生的参与，毕竟他们才是评阅的对象。学生参与包括以下三个方面。

知情权

学生对作业夹的作用、评分原则、教师要求和作业类型都享有“知情权”。教师在开学初也必须把这些信息跟他们解释清楚，若到了学期末教师才传达，那他们就被剥夺了“知情权”，作业中体现的就不是他们真实的知识水平和想法。如果学生事先知道作业夹的要求，他们会尽力按教师的要求完成作业的。

选择权

每个学生都享有选择权是作业夹的一个重要特点。教师布置若干项作业，他们可自由选择完成哪项作业，并在作业上注明选择的理由，以便教师了解他们的性格与爱好，最重要的就是学生自己的选择能体现他们在某方面的自信和进步。

表述权

针对作业夹里的每份作业，学生都可表述他们的想法或观点并写下来，比如学生一同写下选择理由以及他们对作业的感受。教师们看到他们真实坦诚的文字，会更加深刻地了解他们的学习和作业情况。

“表述权”的另一个作用就是提供了师生交流作业的平台，双方能频繁沟通才会最大限度地发挥作业夹的作用，才能充分交流每次作业的心得体会。如果学生年纪尚小，幼稚懵懂，不理解为何交流和自我评价，也可取消这部分。

作业夹收集保管了学生的作业，教师能从作业的进步上看出他们的努力付出，家长们能从作业中了解子女的学习情况，明年接管班级的教师也能获取到一定的信息。

给教师的小贴士

学生们针对作业的想法和观点很重要，谨记：及时批阅，并尽早和他们交流探讨。如果临近期末了才处理，恐怕大部分学生都忘记作业的内容了。

作业夹大纲样本

开学初，教师应拟出一份作业夹大纲，列出相关事宜，在以后的工作中按章进行，能避免不少麻烦，顺利教学，甚至事半功倍。它还像备忘录，提醒教师拟定的计划安排。下面是一个详细的作业夹样本，没必要写的和样本一样详细，样本仅供参考。

作业夹评价

目标：本学期学生各科功课总量。

重点：批阅完学生的作业后重点处理作业感想 。

评价内容：学生需上交一篇记叙文，日志，三首诗歌。此外，还需完成五次选做的作业，以上的作业都需放入作业夹。

学生参与方面：五次选做的作业需体现本学期的知识或方法，并为每一份作业（无论优劣）都写下感想反馈，学生感想中包括：本次作业的目标、作业中体现的学习方法或知识、你对本次作业有何意见或建议、将本次作业选入作业夹的理由。教师在评价整本作业夹之前，应和学生一起就全部的作业来一次总体上的探讨。

标准：作业按正确率、完整度和理解知识的程度三个方面评分，1分表示不合格，2分合格，3分良好，4分优秀。

可信度：评分工作有两位教师完成，一位是我自己，也是主评人；另一位教师不熟悉本班学生，不会对任何学生存有偏见。作业的最后得分取两位教师评分的平均值。

实效：作业夹里的作业需切实考查学生课上所学，并根据学生的感想进一步了解他们的掌握情况。

经验分享

每学期教师都应要求学生把作业夹带回家，给父母或其他监护人过目，他们可与父母长辈讨论作业及其感想。同时父母对子女作业的态度反馈，教师也有了了解的渠道，并可记下有用信息留于来年使用。

评分准则

在评价学生时，主观评价比较难把握，到底如何评分？以什么准则评分？需比较不同学生的作业吗？作为教师，批阅作业时要从书写、完成质量和其他方面公平评分。

评分准则是公平评价学生各方面表现及优缺点的方法，并为教师提供批阅作业的框架及标准。以下是使用评分准则的几点措施。

◎ 确定学生需要掌握哪些方法，达到什么目标？

◎ 将评价的各方面的准则写下来，做成模板。

◎ 将学生需掌握的知识与方法的得分分为几个等次（0~4分，0分很差，1分差，2分合格，3分良好，4分优秀）。

◎ 将各方面的得分相加，算出平均分即为作业的得分。

最后得分如下：

0~1=60	1=65	1~2=70
2=75	2~3=80	3=85
3~4=90	4=95	4+=100

“透视美国革命”评分准则样本

分值	评价内容	评分等次
3	美国革命的背景	1 2 3 4
3	资料正确无误	1 2 3 4
4	句子完整通顺	1 2 3 4
3	文笔灵活多样	1 2 3 4
2	新颖	1 2 3 4
3	作业整洁	1 2 3 4

总分18：18÷6=3=85

评　语：

评阅学生作文

学生在完成作文时加入了很多主观因素，教师在批阅时也会带着相当的主观因素，因此作文的评分更难把握。这里我们介绍几招准确把握作业的评分。

◎ 制定一套如前所述的准则，只将课上所涉及的知识或方法纳入评分范围。

◎ 国家或地方教委应有相关作业批阅的准则，教师可借鉴。有了一套总体准则的指导，就有章可循了，如上交全部作业的学生可得1分。在本章末有一份批阅作文的准则样本。

◎ 学生作文得分包括两方面：内容得分以及写作技巧得分。

教师批阅作文时，作业内容得分包括思想表达是否正确到位，作业格式是否正确，也是1~4分四个等次。写作技巧评分是从1到100分，每个或每两个语法错误扣1分，教师也可调整内容分与技巧分所占的比例，分别记下学生的各项得分。同时您应记住，对于没学过的或上一年级出现的语法，学生出现用法错误时不计扣分。怎样判断哪些是学过的语法哪些是没学过的呢？去学校找一份学科各年级知识列表就一清二楚了。此外，您还能参考各年级的课程标准，看看教委对不同年级学生制定的知识目标。

考试以及考试焦虑症

无论您是否赞成考试是科学评价学生的方法，考试总是和他们如期而遇，并长期陪伴他们。相比以前的教育评价方法，大部分人还是倾向于考试，这不仅给学生带来了很大压力，我们广大教育工作者也觉得肩上负荷太大。

我们觉得有压力是因为工作业绩完全依靠学生考试成绩体现，有部分教师觉得考试能看出工作成绩，“应试教育”还有存在的必要；也有教师站到了对面，主张从学生本性出发，由兴趣带动学习，不追求没有意义的分数。

还有一个公众不常关注的话题：学生的考试焦虑症。在现实当中，得分不理想的学生可能不是没有好好学习，而是他们内心对考试的恐惧及焦虑。对于成绩在优秀或及格上下徘徊的学生，这种现象尤为明显。

现在假设一名学生学会了乘法，课上练习题做了一道又一道，大部分时候考试成绩都在中等。现在又要考试了，要全面考察摸底水平，大家都说这次考试很重要，及格了才能升到下一个年级，不及格肯定就蹲班了。

他手心不停地出汗，心扑通扑通地狂跳，不知道自己能不能及格。越是这样，就越紧张，除了紧张恐惧，脑子也好像一片空白。等老师一声令下考试开始，刚看了第一道题，就傻眼了。由学生走过来的很多人也有这样的经历，都或多或少体验过考试恐惧症，感觉大脑一下子不会转了，无法集中精力做题。

大脑工作原理

无论学生出于哪个年龄阶段，他们都有必要接触一点大脑工作的基本知识，教师也应该花点时间给他们讲解（详情请见第六章相关理论）。下面介绍几种方法让学生了解大脑的工作原理。

◎ 用学生能听懂的语言向他们讲解清楚大脑工作原理。

◎ 和学生讨论相关知识，并告诉他们：大脑会思考会感觉，是因为大脑的各个部分起的作用，把这些部分相加，就是完整的大脑。例如：大脑的某一部分能感觉饥饿，某一部分能感觉内急，某一部分能指挥身体打架，还有一些部分能感觉生气愤怒、感觉灰心丧气、感觉恐惧害怕等等。

◎ 师生一起思考找出克服考试心理障碍的方法，并集合全班的智慧与力量，把教师装扮成一片温馨鼓舞的天地，能让学生面对考试时能集中精神。

为考试创造有利条件

在测试前，教师用几分钟营造轻松平静的氛围，帮助学生舒缓紧张的情绪，消除考试焦虑。在这样一个环境中，他们能更专注做题，不易被外界干扰。

◎ 注意在教室备些富含碳水化合物的食物，这对于学生来说很有必要，也是难得的特权。但教师要详细解释教室中储备食物的要求，他们就不会借机携带大量零食进教室。考试期间适宜准备的食物有鱼形小饼干、粗粮饼干，苹果片、什锦干果仁、爆米花都是不错的选择，不过嘱咐学生同样备好一次性餐具和纸巾。

◎ 如果学生尚处幼年，或者考试时间在上午，提醒学生考前加餐，吃点松饼、水果或喝点果汁等。

◎ 如果学生觉得教室的灯光太亮，可从家里带几盏柔光灯来调节光线。另外，教室内的温度也要适宜，不能太热也不能太冷，否则学生的注意力都在感受温度，就无法集中答题了。温度灯光都完美了，在考场上学生也就跟这个完美了吗？试想如果个子较高的学生憋屈着窝在小号的桌椅里，他肯定不能专心答题。

◎ 嘱咐学生考试期间怎样处理上厕所的问题，让他们明确不必要等到考试结束才能去厕所，如需外出他们应该先跟教师请示。教师应事先给学生发下颜色各异的彩纸，当他们有什么需求时，可举起某种颜色的纸，代表求助、饥饿或上厕所等，因此平时上课多让学生练习使用彩色纸条向教师请示。

◎ 嘱咐学生大考之前吃饱饭、睡足觉，饮食和睡眠都能帮助缓解紧张情绪。考试当天稍微提早一会儿到校，不让学生在慌忙之中走进考场。

传授学生平静的方法

如果班上有学生患有严重的考试焦虑症或恐惧症，该怎样帮助这类学生克服这个障碍呢？下面就介绍几种平心静气的方法。

1. 合上试卷，把答题卡夹在试题中，或把试卷翻过来扣在桌上。

2. 闭眼。

3. 假设自己在一片心旷神怡的地方，那里宁静安详，让身心无比宁静放松。

4. 默默从一数到十或深呼吸几次。

5. 暂时把考试搁一边，将脑子里的杂念都扔到回收站里，彻底沉下心。换句话说，不要考虑考试的后果。

6. 当情绪调整到考试的状态时，再打开试卷开始答题。

结　语

为了更有效地开展教学工作，教师在着手备课时就要考虑评价学生的方法，其实设计适当的课堂活动的同时也是一种评价方法。如果教师在备课时疏忽了这点，会发现后面的评价方式不是没达到评价的目标，就是评价出现偏差，结果没有说服力。好的评价方法一要符合课上所学的例题和新知识，二要照顾不同层次的学生。平时设计课堂活动时只有“灵活多变、精彩纷呈”，才能恰当评价学生。教师还需想到个别学生的特殊要求，如有必要提前调整或修改评价方法，力求更加科学合理。总之，评价学生不是课后设计，而是课前准备，为检测学生反思自己的教学。

附表1　作业夹评论感想表

学生姓名：________________

日　　期：________________

教师姓名：________________

提示：评论作业夹里的每份作业，写下感想。

作业标题：

1.

2.

3.

4.

5.

6.

附表2 作业夹评分表

教师使用下列表格给学生作业夹里的每一份作业评分。

学生姓名：＿＿＿＿＿＿＿＿　年　　级：＿＿＿＿＿＿＿＿

班　　级：＿＿＿＿＿＿＿＿　教师姓名：＿＿＿＿＿＿＿＿

得分写在小方框内，评语写在大方框内。

作业要求描述	完成情况（1~4）		正确率（1~4）		理解情况（1~4）	
1.						
2.						
3.						
4.						
5.						
6.						
7.						
8.						
9.						
10.						

要求每位学生对每次作业都写下5~10句话的感想反馈（限高年级学生）。

附表3 作文评分准则样本

得分：	特征
4	立意正确，格式无误，有特定的读者 用词准确，论据充足，各段衔接自然 条理清晰 逻辑完整严密 语言流畅，无语法错误
3	立意正确，格式无误，有特定的读者 用词部分准确，某些段落过渡自然 条理基本清楚 表达无歧义，少有语法错误
2	立意正确，格式无误，有特定的读者 某个论点或段落阐述准确清楚 细节描写不够 语言不生动，记流水账 段落间衔接不够 出现一些语法错误，或错别字
1	作文立意不明，无特定读者 语言简单，表达有歧义，用词不准确 偏离主题，思维混乱，完全没有条理 格式错误，有许多明显语法错误和错别字

附表4 学生期中成绩报告

学生姓名：________________

下面的分数是期中成绩情况，是整个学年成绩的一部分。

阅读：________ 语言艺术：________ 美 术：________

数学：________ 科 学：________ 体 育：________

社会：________ 外 语：________ 行为表现：________

仍需在以下几个方面多注意：

◎ 家庭作业成绩太低

◎ 不能按规定完成作业

◎ 家庭作业不认真，学习习惯不好

◎ 上课听讲不专心

◎ 不主动补上落下的功课

评语：

我已经看过孩子的期中成绩情况。

学生签名：________________ 日期：________________

家长签名：________________ 日期：________________

附表5　学生学习情况报告

学生姓名：____________　　　　日期：____________

学习习惯	优异	良好	仍需努力	教师评语
按时完成规定的作业				
积极迅速服从命令				
合理利用时间				
积极为班级讨论和活动努力				
作业认真仔细				
独立思考				
行为举止				
遵守校纪校规				
尊重学校领导和师长				
善待同学				
爱护学校公物				
主动自律				
学习技能				
阅读				
写作				
社会				
数学				
科学				
课外活动				

家长签名：____________　　　　日期：____________

附表6 完成作业一览表

姓名：________________________

作业清单：(把某个学生整个学期以来累计的未完成的作业全部列在下面)

家长签名：________________________

第6章

以学习为中心的课堂

我们的最终目的是在课堂里建立起能够持续一年的如火般的学习热情，要做到这一点就要创建一个以学生为中心的课堂。在这样的课堂里学生能够放心地冒险，知道自己不会受到情感、精神和身体上的伤害。在这里要建立起互信互敬的关系，这样特殊的环境可以把思想、准备和工作都作为学生成功的一部分。在这章里，我们将讨论创建以学习为中心的课堂所需要的三个必要因素。

◎ 对教学内容的了解。

◎ 对人性的了解。

◎ 对大脑如何最优学习的了解。

了解教学内容

对某一特定事件、概念或技能了解越多越能更好地进行教学。教师头脑中通过学习和经历积累的丰富信息可以让他在教科书的基础上进行扩展。

只会教课本的上的内容，只涵盖指定的教学目标吗？也许。但是，这是能伴随学生一生的有效的教学方法吗？大概不是。对自己的教学内容有所了解能让教师充满信心，知道自己要讲什么。和学生分享故事与乐趣，这些都可以让学生加深自己的学习，教师也能够更好地帮助学生将学习运用到他们的生活和周围的世界中。

想想下面两个班的例子。两班的学生都阅读一篇关于早期美国政府和第一任总统的文章。第一个班的学生读完后，教师（我们称为教师A）会讨论文章中的信息，然后布置一份带着不同问题的作业来考查学生的阅读理解。

在另一个班里，学生阅读的过程中，教师B会时不时停下来考查学生的阅读理解。当学生们读到第一任总统时，老师拿出两张牙齿大小的白色方片传给学生。学生都很好奇，这个时候老师问："你觉得乔治·华盛顿会拿它们做什么呢？"于是，学生开始思考和讨论它们的用处，然后老师告诉他们其实华盛顿安过假牙，之后鼓励学生去网上搜索这位美国之父和其他早期总统的逸事。

哪个班的学生会记住课堂的内容呢？是教师A还是教师B的呢？想想教师A，她讨论了美国政府的历史，也展示了设定好的教学目标。但是她的学生能够在测试完成后就记住老师展示的信息吗？估计不行。现在想想教师B，你认为有意思的事情和像假牙这样具体的东西能够抓住学生的注意力吗？当然可以。除此之外，拓展练习激发了学生，鼓励他们进行更多的思考。老师不仅仅是告诉学生华盛顿有假牙，而是通过研究和讨论这两样东西带领学生发现事实，这些学生就有可能在接下来的一年里都能记住这堂课。

将一个伟人的信息与学生的生活联系起来会让这个人物更真实。让学生积极地去讨论18世纪的生活与现在有何不同可以让他们加深印象，这比书上两句或两段关于华盛顿的话在记忆里持续的时间更长。

保持知识渊博

有些话题和概念你并不太了解，但有很多方法可以让你拓宽和丰富学生在这些话题方面的知识。

保持阅读习惯

百科书和杂志读起来会很有意思，可以考虑阅读像《发现》这样的杂志，当然还包括各种报纸，读得越多知道得越多。

研究

在做课程计划时把课本或其他资源中你要教的关键词写下来，然后输到互联网中寻找信息。同时在这些关键词后输入“有趣的事”，看看你能找到什么。在你工作时，问问自己如何在真实生活中运用这个技巧。

练习与准备

在做课程计划前，明确以下几点。

◎ 练习要教授的技能。

◎ 阅读课堂上准备用的章节和节选。

◎ 练习实验。

通过计划课程前做的这些事情，会发现对课堂中可能会出现的潜在问题会个更好的准备。这也会帮助了解在实际上课中会有些什么期望。

反省时刻

你的知识水平和经历是如何帮助你让自己的课堂变得更有意思的？你如何能够在自己不熟悉的领域里有所提高？

了解人的本性

为什么老师需要了解人类心理学呢？对人类行为了解越多，就越有能力激励学生融入课堂。

除此之外，教师也会更好地了解课堂上学生行为背后的动因，这些了解可以让师生之间建立更好的互动。花时间想想在本科或研究生期间心理课上学过的概念，然后利用这些信息想办法调整自己的行为，与学生建立积极的关系。

> 花些时间将你的学生作为个体去了解，这点很重要。

课堂上的每一个学生都是独特的个体，都有自己的需求。在处理整个课堂时很容易忘记这一点，我们可能会因为课程、截止时间、分数和责任等等问题感到焦头烂额，因而忘了我们手中握着的是孩子们脆弱的心灵，他们需要的不仅仅是能帮助他们成为成功人士的分数。

了解你的学生

将学生作为个体去了解，灵活一些，要明白对于每个场景每个学生，教师的反应不可能完全一样。

理解学生，要看到造成问题的原因，而不是立马就断定这个孩子是捣蛋鬼。

同时，花些时间跟学生交流。不要妄下论断，而是和他们交流解决问题，在学生中间起到调解的作用，或者也可以只是和学生泛泛地谈谈生活。

埃里克森人格发展阶段

爱利克·埃里克森（Erik Erikson）对成长过程中心理发展阶段的研究，可以对研究学生的行为提供一些启示。每个人在经历这些成长阶段时获得不同程度的成功，有的非常成功，有的很不成功，当然还有些居中。一个阶段的成功水平会影响到这个人完成下一个阶段的情况，这一点很重要。

当在课堂中处理学生的行为、与学生互动时，了解这些阶段情况，知道它们如何影响个体可以帮助教师采取不同的策略。比方说，如果发现一个学生天生地带有一种不信任感，教师可以通过前后一致的、灵活的方式去建立一种信任的关系。那些总是不断怀疑自己的学生需要鼓励，需要在日常生活中对他们进行肯定，从而建立起他们的自主性和主动性，对学生的体谅可以让教师有更多的办法去帮助他们。

下面是对埃里克森阶段中每一部分的解释。教师可以在网上找到他作品中的几章，里面强调了其他同样重要的身体和社会发展的里程碑。我们强烈建议大家多学学这些发展阶段的知识，同时也多了解它们是如何影响学生的行为和关系的。

信任对不信任：从出生到十八个月

◎ 婴儿建立起信任或不信任感。

◎ 婴儿和照顾他的人建立起一种关爱和信任的关系，或者是一种不信任的关系。

在这个阶段里，当婴儿的需求不断得到满足时，他就会形成一种信任感，这些需求包括喂养、打嗝、换尿布、睡觉和关爱。如果这些需求没有得到满足或者只是间断地得到满足，婴儿就会形成一种不信任感。儿童在这个阶段里或建立起天生的信任感或者不信任感，这种不同的成长会在以后的生活中影响他和其他人的交流。在课堂里我们在和学生交流的过程中也可以发现这一点，他们或者是相信我们所说和所做的一切，或者是对所有事情都抱着怀疑态度。

自主对怀疑: 十八个月到三岁

◎ 孩子建立起一种自主性或者羞耻和怀疑。

◎ 孩子应该成功地掌握一些身体技巧，比如行走和上厕所，或者建立起一种羞耻感和自我怀疑。

在这个阶段，孩子尝试着去掌握一些身体技巧，这会让他们更加独立。一个成功做到的孩子会为自己的能力感到自豪，相反，一个不能成功做到的孩子可能会逐渐缺乏信心。你可以在课堂里发现那些孩子需要不断地确认自己的作为是正确的，这样的学生不怎么冒险，也不太参加课堂讨论。而那些在这个阶段成长很成功的孩子更愿意去冒险，去参加课堂活动，完成任务的过程中也不需要不断地确认。

主动对内疚：三岁到六岁

◎ 孩子建立起一种主动性和内疚感。

◎ 这个阶段中孩子变得更加果断，会更有主动性，但是如果其他人不支持他或者他太具有进攻性，则会产生一种内疚感。

这个阶段里孩子学会更加独立，他在决定自己的行为时开始会设定目标了。孩子能够在不害怕惩罚的情况下想象并去追求自己的目标，这一点非常重要。但是，如果照顾他的人总是怀疑、犹豫，不让他展示自己的独立，他就会形成一种内疚感，这样孩子就会不断地质疑自己的决定和能力。在课堂上，那些没有成功度过这个阶段的学生就会不断地寻求行动方向，在做选择上也会存在难度。

勤奋对自卑：六岁到十二岁

◎ 孩子产生起一种勤奋感或自卑感。

◎ 孩子学习新的技能或者可能有自卑感。

这个阶段，孩子走进校园，必须通过小学各年级去学习新的技能，感觉自己不能达到这些要求的孩子会产生自卑或者挫败感。这个阶段也是自信心建立的阶段，成功度过这个阶段的孩子会产生一种勤奋努力的心态，这点能让他成功地继续学习。孩子们在这个阶段成长的成功与否，决定了他们对学校和老师会产生积极或消极的不同态度，一些学生对自己无能感的反应是自闭和拒绝完成老师给予的任务，然而其他同学则可以轻松完成。

同一性对角色混乱：十二岁到十八岁

◎ 青少年产生身份感或者感到角色混乱。

◎ 青少年必然会在职业、性别、政治和宗教中产生身份感。

这个阶段中，青少年会在角色模型和同龄人的压力下试图将不同的角色融入一个自我形象中。他们可能会留心关注父母、老师或其他成年人，将他们作为角色模型来决定自己的价值和道德观。他们也会从同龄人身上寻找这种信息，青少年会尝试新的想法，努力决定自我。不能做出这样决定的青少年可能会觉得迷惑，这会导致他们做出一些

反省时刻

为什么了解你的学生很重要？对个体的了解如何能帮你管理学生的行为并提供有效的学习策略？你有哪些策略可以和学生建立起有效的师生关系？他们又是如何反应的？你认为为什么会有这样的反应？如何能改善和学生的关系？

影响将来生活的不健康决定。在课堂中当学生们模仿偶像和同龄人，频繁地更换着装，改变态度以及不断地质疑周围的实际时，我们就能发现这种身份的搜寻。

家庭生活

另一个影响学生在课堂上的交流和行为的因素是家庭生活。在家庭生活众多影响学生的因素中我们主要谈三个部分，虽然这些你都无法改变，但对家庭生活如何影响学生的行为做一个基本了解非常有用。

家庭安全

来自不安全的家庭环境的学生行为表现有退缩也有好斗的特征。一个学生如果不断地从一个家庭移往另一个家庭，从一个省或一个国家搬往另一个省或国家，他就不太可能会很开放，不会和老师及其他学生建立联系。既然很快就要搬走，何必那么麻烦呢？有一些则是将自己的感情封闭保护起来，表现出来的是漠不关心和冷漠，那些来自于有暴力的家庭或在家里不被重视的学生会表现出羞涩。还有一些会愤怒激昂的说话，因为学校是唯一安全、可以这样做的地方。

家长教育类型

家长教育类型可以分为四大部分，每一部分都有极端到适中的变化。

◎ 专制。家长非常严格，期望孩子无条件地顺从他们。教育中没有任何的灵活性，而且家长比较苛刻，并不考虑孩子的愿望和需求。

◎ 权威。家长抱有清晰的期望和要求，但是并不一定十分严格。这种教育类型更偏重于支持孩子而不是处罚他们，在做决定时家长也通常会倾听孩子的愿望与要求。这种教育方式具有清晰的行为界限，但是很灵活。

◎ 放任。家长对孩子很宽大，没有太多要求。孩子的愿望和要求通常都能得到满足，对孩子几乎没有行为标准和期望。

◎ 漠然。家长不为孩子设立标准，不关心孩子的行为，这种教育类型包括一些忽视的行为。

家长的教育类型很大程度上影响了学生在学校里的态度和行为。专制类型下的孩子对大人通常不是顺从就是过分的对抗，权威类型下的孩子在学校里更有责任感，表现也很好，放任类型下的孩子通常对自己的行为不太负责，在和大人交往的过程中也觉得不用顺从，漠然类型下的孩子通常很害羞，远离和大人的交往，或者对于给予他关心的成人十分依恋。

家庭结构与文化背景

不同的家庭结构包括单亲家庭、只有监护人或者祖父母的家庭、重组家庭、收养家庭和亲生父母的家庭，不论学生生活在哪种家庭里，家庭结构影响了他们建构其他关系时的态度。文化是另一个影响学生观点和行为的因素，除此之外，老师自己的文化背景也影响了与学生的交往、对学生的期望以及学生的反应。老师要更多地了解本班展示出来的文化，这样才能更好地了解学生，这一点很重要。如果有机会，最好在大学里修一门世界文化课，或者阅读这方面的书。

同龄人和过往的经历

学生的年龄越大，他们的态度越容易受到同龄人和以前学校经历的影响。未成年和青少年的决定和态度通常都受到他们朋友的影响，老师需要关注这些学生，从而更好地了解这种影响。

以前的学校经历也会影响学生的行为。与老师有过不愉快交往的学生通常在新学期会抱有这样的态度：反正我都会有麻烦，干吗不自己去制造麻烦呢？因为以前老师对他的态度不好，那么这个学生就会去判断现在的老师会有什么样的表现，他再相应地做出回应。

与其他误解相同，学生和老师的这种预想会让情况变得更糟糕。而老师应该是负责的人，这就意味着老师要采取主动，远离这种设想，与学生建立更好的了解。一旦老师迈出了第一步，学生就会跟随。用不了多少时间和耐心，你就会发现最让你头疼、最捣乱的学生成为了你最好的学生。

课堂中的男孩子们

大多数的女性教师都觉得很难理解男生，不明白他们的行为，也许根本不知道该如何帮助他们在课堂中获得成功。

长期以来，女孩儿们一直都是老师训练的重点，因为她们常常在课堂讨论中与更加果断的男孩儿们竞争时败下阵来。这类训练的目标是让女孩儿们在课堂里变得更加果断，让她们获得应有的关注。这在过去一直都是大家关注的重点，现在也是。下面的信息并不是说我们就不再鼓励女孩儿们在课堂上获得成功，只是我们同样也需要了解男孩子们。

心理学家和社会学家警告说目前我们正处在一个男孩儿危机之中。当我们看到越来越多的男孩子有暴力行为时就会明白，作为老师，我们越了解男孩子的行为类型，越容易处理这些行为。

詹姆士·杜布森（James Dobson）在他《培育男孩》一书中提到，首先要了解男孩子们的生理特性。让我们来看看他是怎么说的。

◎ 男孩子体内的睾丸激素较高，这导致他们具有容易冒险的特性，像身体上、犯罪方面以及性格上的冒险。人体内睾丸激素越高，行为上更容易冒险。

◎ 男孩子体内的血清素较低，这类激素可以起到平复情绪和助于判断的作用。

◎ 男孩子体内的扁桃腺较大，这在大脑中产生的信号就是要么打架要么逃跑。它让人无法思考和推理，而是让人本能地在某些情况下做出暴力的行为。

所有这些因素都能解释为什么男孩子们更容易从事一些冒险的活动，比如上课乱比画，和其他男生打架以及缺少常识等等。

我们必须知道男孩子们需要身体上的活跃，我们也必须了解男孩子们对于学校里的人和事做出不理性行为背后的原因。

除此之外，要时刻记着前面谈论过的了解学生的一些技巧。给那些活跃的学生一些机会让他们可以左右移动或者扭动，允许他们站着，上下跳动，或者在做作业的时候玩儿挤压球。也可以把他们安排在教室的后面，以免影响其他学生。

最后，给学生提供一个地方让他们可以安静下来准备上课，比如阅读角。

难管理的学生

学生难以管理的原因很多，这些学生可能会有以下情况。

◎ 被其他人指责。

◎ 根据以往的经历认为自己还会有麻烦。

◎ 家里有麻烦。

◎ 感觉没人喜欢和欣赏他。

◎ 感觉需要证明自己很强大。

◎ 认为自己很笨。

◎ 因为过去的经历不信任老师。

以上情形大多数是发展阶段以及本章前面提到的事情影响的结

果。要明确问题的根本，需要：

◎ 明确学生表现出来的具体行为。

◎ 明确他的行为只是在你的课堂上有所表现，还是在其他课堂中也是如此。

◎ 考虑他的行为是近期的表现，还是常年如此。

如果他们的行为近期发生了变化，比如发现他的行为态度有变化，或者他去年没有这样的表现，这时候需要问问这个学生是否近期在学校或者家里发生了什么事情。例如：

被欺负	家庭问题	家庭生活发生变故
近期搬家	有朋友搬走了	家里有人去世

这些事情都可能会影响学生的态度和行为，从而导致课堂上的不听话。一旦教师确定了导致行为变化的原因，就可以试着找到解决办法，比如：

◎ 给学生提供一个可以镇静下来的地方，当他们准备好之后再融入课堂。

◎ 和学生谈话来明确他生气或者问题的原因，将问题谈清楚往往有助于建立信任的关系。

往往学生需要的是老师安慰的话语或者是“我相信你”这样的话，这样生气和难以管理的学生会慢慢转变过来。

◎ 让学生和辅导员谈话。

如果学生的表现长期如此，就需要和学生、家长以及辅导员一起来解决这个问题。要做到以下几点：

◎ 不要有先入为主的看法。

◎ 灵活一些，不要太死板。

◎ 当学生生气或沮丧时，给他们提供可以安静下来的地方。

◎ 鼓励学生。

◎ 鼓励积极的表现。

◎ 建设性地利用学生的领导才能，可以这样说："我非常需要你的帮助，需要你在班级里成为一名领导者。"

◎ 和学生谈话，而不是自以为是。

◎ 和学生相处时放慢速度，耐心一些。这些可以表现出你的关心。

在学生身上花的时间越多，越能建立信任的关系，因为它表示尊重，很多生气和难以管理的学生在家里总是被忽视、被父母训斥或者贬低。如果你想让他们配合你，则需要你对他们更好，在你的课堂建立起没有威胁的环境会有所帮助。

了解大脑

研究表明一些特定的因素会增加学生学习的几率。本部分我们将简单地解释这些因素，并展示如何在课堂中应用，但是要全面地了解大脑如何能够最优地学习。

第一个因素是没有威胁的环境，在这样的环境里学生可以舒适地和老师和其他学生分享自己的想法、主意和梦想。你要努力在课堂中创建一种每个人都不会受到别人评判的环境，在这里，任何主意都是受欢迎的，没有人会受到嘲弄、没人害怕会受到过分严厉的惩罚，没有人会被别人贬低。在你的课堂里，学生可以犯错，即使这样也会受到重视。

你可以通过以下的方法创建这样没有威胁的环境。

◎ 坚持积极的生活态度：和善、合作、团队精神、灵活、友谊、正直、诚实、敬业和忠诚。

◎ 进行性格教学，以此创建积极的课堂气氛。性格教学注重积极的生活态度和良好的举止，书店和互联网上有很多关于课堂里性格教学的资料。

◎ 不允许在你的课堂里发生恃强凌弱、取笑别人、说三道四等负面的行为。

◎ 对于负面行为的后果要进行处理，要保护被其他学生欺负的学生，表明你不允许在课堂里发生这样的事情。

记住，如果你的课堂里充满里负面和伤害性的行为，不论是来自老师还是学生，大脑里控制要么打架要么逃跑的扁桃腺就会被激发，学生的学习就会停止。我们会在后面具体地解释这种现象。

三体脑

虽然现在对大脑的研究在不断更新，我们的了解也越来越多，但是它仍然很复杂。这部分我们对基本概念做一个概述。

简单来说，大脑分为三部分。我们将采用教育心理学家哈特（Leslie Hart）的术语：三体脑。每一部分都有特定的术语，但是我们会采用更简单的术语。

◎ 第一部分：原始脑。这一部分处于第二部分大脑的下面，脊椎神经的正上方。这部分负责我们全身的需求，包括眨眼、吞咽、消化、心跳和吃饭。除此以外，打架或逃跑的反射也是由这部分大脑控制，这部分是大脑中生存的部分。

◎ 第二部分：感性脑。这部分大脑比第一部分稍大，处于第一和

第三部分大脑之间，这部分大脑控制我们的情绪和领域性。通过这部分我们可以获得事后认识，可以让我们从错误中学习。

◎ 第三部分：理性脑。这部分负责我们的学习、储存和重新获得知识，解决问题、设定目标、反思行为和做出决策等也都是源于对这部分大脑的使用。它是三部分大脑中最大的一个，可以让我们进行预见、提前计划和设想行为的后果。

对学生解释这些概念可以帮助他们更好地了解自己如何学习，明白为什么有时候自己很难集中精力学习。

让我们将这个理论运用于课堂。如果我们的学生一走进教室就不断地被其他学生指责、嘲笑或者被老师贬低，甚至犯一个小小的错误就受到惩罚，那会出现什么样的情形呢？课堂里还会有学习存在吗？当然不会。学生会一进入教室大脑就会降低到感性部分，因此他们会更倾向于保护自己不受到身体、感情和精神上的伤害。

那一个充满吵闹的课堂会怎样呢？要不了多久，教师就会成了害怕的那个人。整个课堂里老师都在维持秩序，教师根本无法进行高质量的教学，而是每分钟大脑都处于感性部分。

反省时刻

你是如何在自己的课堂里建立一个没有威胁的环境？在创建这种环境中你有什么不同的做法？你鼓励哪种课堂环境？这种环境是如何影响学生的学习的？

创建一个基于大脑的课堂

在学年的开始，向学生解释三体脑的概念，给他们提供一些你自身的例子，比如，一名老师对学生说："我在参加毕业考试的时候，早早地就到了教室，拿出一本书边读边等着考试。虽然这个时候考试还没开始，但是一个监考官走过来，从我的手上抢过书就扔在地上，冲我嚷嚷：'不许带外面的资料进来！'在这之后我非常生气，根本无法思考，在接下来的十五分钟甚至更长的时间里，我只能想到她是怎么对我的，直到我平静下来后才能集中精力。"

在和学生谈论完例子后是最佳的时机，向学生解释该部分前面提到了一些技能，以及第三章讲到的如何创建一个和谐的课堂环境。一定要向学生说明你对他们使用这些特权和自由的期望，也要解释清楚如果他们被欺负的后果。

要帮助学生保持思考的大脑，可以在教室里放一些饼干这样健康的零食。如果学生饿了找来时，可以给他们一些饼干来缓解饥饿。

反省时刻

对三体脑的了解会如何影响你的教学方式和课堂呢？你会在课堂里采用什么技巧来帮助克服这些事情呢？这方面的知识如何帮助你和学生建立良好关系呢？

结　语

在基于大脑的课堂里学生和老师每天都是合作关系，在这里每个人都舒适地和别人分享自己的想法。这在真实的教学中有可能出现吗？当然，我们自己已经实验过了，但是这要通过教师自己的知识和行动来创建这样一个环境。作为一个活到老学到老的人，教师要培养从学生身上去学习。通过不断地阅读和研究自己所教学的内容，让学生可以看出教师学习的积极性。当教师花时间去了解每一个学生时，他们会慢慢信任和尊重教师。最后，明白我们的大脑是如何运作后，你就能更好地满足学生的需求。当所有的需求都得到满足后，就可以达到学习的目的了。

第 7 章

让你的学生融入学习

在课堂里鼓舞起如火般的学习热情还需要另一个因素，这就是积极地让学生融入到学习过程中。

请看图7.1的学习金字塔，看看不同的教学模式下学生对知识的平均吸收率如何。哪种模式下学生是通过听和看被动的学习，哪些模式通过鼓励积极地学习呢？

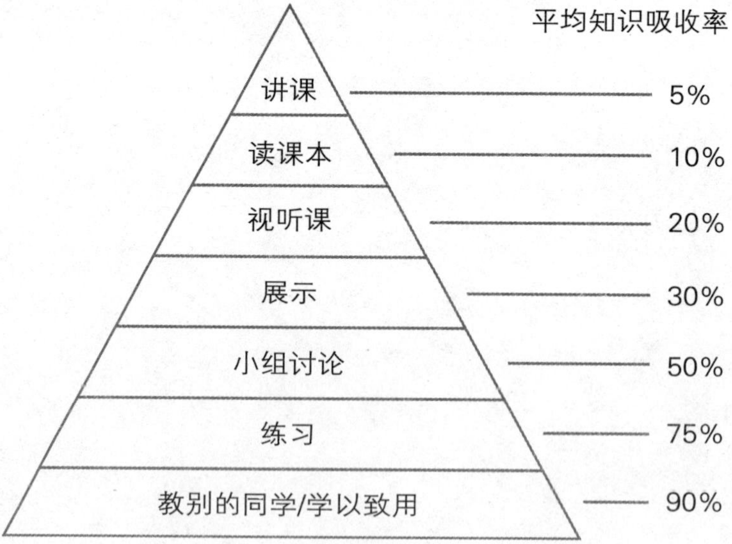

图7.1 学习金字塔

布鲁姆教学目标分类法

20世纪40年代末至50年代初，教育学家本杰明·布鲁姆（Benjamin Bloom）和他的同事建立了一套识别和组织思考与学习过程的系统。他们的目的是为了将看似复杂的过程简单化，并与教师共享，从而有助于老师更好地进行课程组织与教学。

人类是如何思考的？思考又是如何转变为学习的？过程如何？我们怎样才能更好地理解它？这些只是布鲁姆团队在六年的工作期间常常思考的问题中的一部分。1956年布鲁姆团队出版了《教学目标的分类法：第一册》，现在常常简称为布鲁姆的分类法。从此以后，书中的思考能力图表不仅应用于课堂教学中，也应用于全世界的工作与学习的培训中。布鲁姆分类法不断地证实着自己的价值，仔细研究有助于我们更好地了解如何在课堂中使用它。

分类法：分类系统

分类法是一个分类系统。布鲁姆分类法是对学习原则的一个分类，主要分为三部分，每一部分都有一本指导书。指导书探讨的是认知领域，主要是思考和学习目标以及一些问题的答案。什么是思考？思考如何发展的？布鲁姆和他的图案团队绘制了一个图表，帮助教师更好地了解思考的产生以及思考和学习的不同层级。

布鲁姆最初的也是广泛使用的学习图表里包括六部分：知识、理解、应用、分析、综合和评价。第一个阶层知识主要指信息的回顾，第二个阶层理解主要指对意思的理解，第三个阶层应用是指将知识或者理论应用于实践中，第四个阶层分析则需要能力来解释不同因素从而确认进一步的信息，在第五综合阶层，学习者应该能够从已存的信息中创建新的事物和想法，然后学生在第六评价阶层对学过和创建的信息进行评价。

这个图表具有阶层性。学习者在明确意思之前必须对基本的事实和信息做一个了解，只有对不同的因素做一个了解才能进行解释，老师的工作就是帮助学生从基本的知识和理解阶层上升到更高的认知技能。

事实上，我们需要做的不仅仅是领着他们从一个阶层上升到另一个阶层，更重要的是教会他们识别自己的思考过程。我们需要告诉学生布鲁姆分类学中的术语，这样他们才能明白自己处于学习的哪个阶层。但是，首先我们老师需要熟悉这些术语和它们在课堂中的使用，只有当我们自己对表格有了充分的了解才能教给学生。

现在我们了解了基本的分类，接下来让我们看看使用这个表格的工具。这个工具包括了每一类下面的一系列动词，你指着这些动词就可以进行教学活动，比如计划学习目标、问问题、对学生一单元的进步做评价等等。下面的三个表对应了三个不同阶段：初级、中级和高级，各个级别里的每一类都有一系列的关键词或动词。

记住教初级学生时，学生学习新技能时主要是前三个阶层。一年

布鲁姆认知技能的分类：初级

知识	理解	应用	分析	综合	评价
列举	解释	展示	比较	创建	同意
选择	描述	绘画	对比	设计	不同意
画圈	复述	练习	考查	模仿	支持观点
寻找	举例	表演	整理	画	给出观点
命名	计算	使用	问问题	创新	决策
数数	书写	做	分组	计划	推荐
讲述		写	排序	组合	分级

之后才会上升到更高的级别。但是，可能班里有的学生已经掌握了一些技能，能够上升到更高的阶层，要准备一些能够让学生进行更高级别思考和技巧使用的活动。

布鲁姆认知技能的分类：中级

知识	理解	应用	分析	综合	评价
列举	解释	展示	比较	创建	辩护
标记	描述	说明	对比	设计	批评
下定义	复述	练习	考查	发展	支持观点
识别	举例	展示说明	解释	重新安排	证明
命名	计算	发展	分级	创新	辩论
陈述	总结	做	排序	想象	推荐
选择	估算	论证	分类	假设	分级

布鲁姆认知技能的分类：高级

知识	理解	应用	分析	综合	评价
列举	解释	展示	比较	建立	辩护
找出位置	描述	说明	对比	设计、创新	批评
下定义	复述	应用	区分	发展	支持观点
鉴定	举例	展示说明	解释	重新安排	证明
背诵	计算	发展	演绎	融合	辩论
识别	总结	解决问题	分级	假定	推荐
引用	估算	熟练使用	分类	假设	区分优先次序
记忆	解释		分析	结合	证实

为什么要使用布鲁姆的分类法

布鲁姆的分类法是一个计划工具，将它看作一个可以把学习过程从简单到复杂整个都展示出来的表格。他的分类表格展示了包括儿童和成人所有人类获得和掌握知识技巧的顺序，每一个阶层的动词都可以帮你在课堂中提问题、设计活动和进行评估。你也可以利用这些关键词帮助学生明白自己知识和能力的阶层，这些信息可以帮助你进行教学计划和丰富课堂活动，这样你的学生才能从一个学习阶层上升到下一个阶层。

因材施教

不同的课堂里学生可能年龄不等，每一个都是唯一的个体，每个学生形成自己的知识和技能的能力、智力水平和背景经历都不同。要满足不同学生的不同要求就需要因材施教，因材施教指的是满足每一个学生从简单的学习过程上升到复杂的过程中的要求。

这里布鲁姆分类法也可以起到作用。我们了解到每个人在思考和学习中都是从简单迈向复杂，这样我们就能明白每个学生都处于自己的前进过程中。当我们在教授某一个话题时，我们的学生可能有的从来没有听过这个话题，而有的可能对此非常感兴趣而且可能知道的比你还多。我们的工作就是设计不同的活动来帮助学生掌握每一个阶层，并且根据自己的情况前进。记住，学习是呈螺旋式上升的，每个学生在经过课堂学习后可能会更深刻地不断地重温某个话题。如果学生比较小，就不能期望所有的学生都能够完全掌握教师所教话题的每一个层级，但是，教师可以期望他们能够掌握所教的那部分。

因材施教主要出现在特殊教育、英语作为第二语言的教学以及一些天才学生的教学中，这些学生都需要老师对课程进行修改来满足他们。特殊教育的学生都有一个个体教育计划，它可以告诉老师课程可以怎样修改来适应学生。英语学习者通常都是从英语教师那儿获得知识。至于那些天才学生，他们通常比班里其他学生要优秀很多，对于常规的课堂老师是一个很大的挑战。

因为大多数的天才学生都处于一个较高的水平，他们会将老师的作业看成是浪费时间，尤其是当作业只是对技能的训练时，他们会想，为什么他们早就会了还要做这样简单的作业呢？这些学生早就掌握了这些技巧，准备好继续前进了。让这些学生做和其他学生一样的练习是让他们退步，你也会遇到他们出现态度和行为的问题。

这些学生通常会拒绝完成作业来表示抗议，虽然他们可以用常人二分之一的时间来完成。你会在课堂上发现他们表现出无聊，从而导致不完成作业、上课走神以及其他一些不好的行为。这些学生需要的不仅仅是简单的知识、理解和应用性的问题与活动，他们想要进行更复杂的思考和技能。布鲁姆的分类就可以解决这个问题，你可以通过那些关键词创造出更有挑战性的问题和活动来满足这些天才学生。

接下来是因材施教的一些策略：

◎ 在一个单元之前测试学生的知识和掌握程度。你可以做一个课前测验，记住这个测验应该精短。这不是要记入成绩册的全面考试，而是一个采集信息的工具。你想在单元计划之前知道每个学生对知识的理解程度，在开始一个单元的前几周做这个测试可以帮助你进行教学计划。如果只是在上课前一天来做这个测试，对于你进行课程和活动的机会并无太大的帮助。如果教师突然发现班里的每个学生已经比你预想的知道的还多，课就会很无聊，学生上课也不会认真听讲，甚至课都讲不下去。

◎ 设计的活动应该包含了布鲁姆分类的每一类，在每一天的课程里都准备每一类的问题和活动。教师要为不同水平的学生准备不同的活动，这可以让学生在更高层面上进行思考，而不是总停留在较低的前三层。当学生完成之后，可以给他下一个层级的活动去完成。

◎ 使用学习和思考中心。根据你所教的年级水平，你可能需要学习中心或者思考中心（我们会在本章的后面详细的介绍这两个中心），利用布鲁姆分类来为两个中心设计活动。标出每个活动对应哪一类，学生应该在每一个层级中完成一定数量的活动。有的学生可能要完成三到四类的活动，而有的学生则只完成每个分类中的一到两个活动，每个学生都应该完成可以帮助他们掌握技能以及挑战自己思考的活动。

◎ 要求学生对基本技能不同的完成程度。对于那些已经掌握了一个阶层技巧并想前进的学生，要求他们只完成练习作业的一部分。但是，要求他们所完成的这部分必须百分之百的正确，这样才能给他们提供更高级别的任务。

反省时刻

为什么让学生积极地融入课堂而不是被动地听讲很重要？你有哪些方法可以让他们积极地融入课堂？你如何在你的课堂里加入发现式和实验式学习？

小组活动

合作学习是基于大脑的课堂里另一个方面，团队合作是整个人生中非常重要的一项技能，而且当学生参与到团队合作中后，他们可以向其他学生学习。

虽然可能看不到直接的利益，但是学生在通过观察小组里的其他同伴会学习到重要的社会技能和不同的思考方法。组织适当的小组活动不仅可以激发学生的学习动力，还可以提高他们的学习。

期　望

花一些时间向学生讲清楚对于小组活动的期望。学生在进行小组活动时教师希望看到什么样的情景？哪些行为是可以的，哪些是不可以的？希望小组活动有什么样的结果？把这些期望写下来，在脑子里形成清晰的答案，这样能有助于教师清楚地向学生解释。甚至可以给学生做出一份进程表或者期望表或者海报，让他们在活动的时候可以参考。

例：我期望看到小组里学生轮流讲话，期望看到每个学生都参与活动；期望看到每个人都有自己的任务，期望看到最终任务能够完成；期望学生能够学会如何在存有差异的情况下合作，期望学生能够和不一定是自己朋友的学生合作；学生小声点谈话和安静的工作是允许的，大声地讨论和喊叫是不允许的；学生带有目的（比如给别人提供东西）地在教室里走动是可以的，在教室里走动聊天是不允许的。

团队角色

和学生谈论团队角色很重要，这样他们能够知道你对他们的期望如何。开始的时候可以给他们演示期望的各个角色是怎样的，如果只是跟学生说“好了，现在你就是领导了”，这并不能让他们明白如何做一个领导。相反的，可以演示一个领导如何说话和做事，即使学生之前做过团队活动，他们也需要新的解释。

例如领导者可以这样说：“我们要读这一章，然后回答这张纸上的问题。我们可以把这章分成不同的部分，然后一人大声地读一段。谁先读前两页呢？”如果整个小组不明白任务，领导者可以说：“现在也许有的人还不明白任务，那么谁读下一部分呢？”

小学的老师可以对每一个角色都做一些简单的指导，你甚至可以把他们应该说的话写出来，从而来训练他们掌握这个角色，在这一点上你的任务是训练学生掌握每一个角色。

经验分享

想让学生们积极的融入到课堂里来吗？那就试试把他们分成小组，成为所学这章里某一部分的“专家”，或者是让他们用所学的技巧与概念创造出一个产品。

我们看到在进行合作学习之前让学生先熟悉角色和活动的规则会产生很好的效果，所以每一次合作学习时都应该这样做。下面介绍一些教师可能用到的角色。

领导者：领导这个团队的角色。他的职责是让讨论开始，在整个活动中起领导作用，以及在小组不明白任务时重新给出指导和方向。

记录员：记录员的工作是把活动的具体事宜写下来，并在活动中做记录。

汇报者：汇报者向全部讲解信息。

材料收集者：材料收集者的工作是收集有用的材料。

计时员：计时员的工作是看着表，确定整个组的活动不超过规定时间。

小组活动成功的秘诀

要让活动具有结构性。列出要思考或讨论的问题，写出所有的任务，以及给一队一张活动的完成表，这可以让学生清楚地知道他们在小组中的任务。开始的时候要具体，不要模糊地说“大家讨论这个吧”，这样可以让学生有重点。

学生在活动时老师要经常监督，这样可以随时知道学生的行为和进度。

在学年开始或者换小组之后采用团结活动，可以让一个组的学生更好地合作。同时，你也可以采用一些能够建立小组成员之间信任的活动。

在活动之前要记得提醒学生你的期望，花点儿时间告诉展示你希望看到和听到他们怎么做，虽然只讲一次，但是整个学年都受用。

记住，学生刚开始的时候没法做得很完美，频繁的小组活动可以让他们逐渐适应这种技能。你得告诉他们如何进行团队合作，如何指导和参与讨论。虽然你的任务很重，但从长远来看都是值得的，你只要坚持，不断地告诉学生你对他们的期望。

经验分享

在组织小组讨论或小组活动时使用布鲁姆的关键词。我们有时候会用“转方块儿”的概念，拿一个立方盒，用彩色的纸包起来，在每一面上写上不同级别的关键词。一组一个方块儿，让他们根据每一面的关键词自己创建问题和活动。你可以让他们转方块儿，然后根据不同级别的关键词问一个问题或者设计一个活动，你也可以给每个组指定界别，这取决于你想让他们做什么。

小组活动：策略和方法

下面介绍一些使用小组活动进行自主学习、讨论和技巧练习的方法。

◎ 独立思考—小组讨论—集体分享：在这个方法里，学生先用一分钟对老师提出的话题进行独立思考，然后和同桌讨论自己的想法。讨论几分钟后，这一组再和另外一组的同学分享自己的观点。这个活动既让学生有机会独立思考，也能从其他同学身上获得新的想法。

在进行小组活动时要采取不同的方法，这样才不会变得像讲课那么无聊。

◎ 拼图：这个方法要求两到四个人一组，每一组都是某一项领域的“专家”，可以包括阅读、研究、某一项技巧或概念等。每一组都负责不同的文章或者概念，然后，每组中的一名“专家”和其他各组的“专家”组成新的小组，在新的小组内分享各自的信息。这个活动可以让本来很无聊的任务变得刺激，也可以让学生了解别人是如何合作的，从而帮助自己与别人合作。

◎ 从小组到个人：你在让学生掌握某项新技能或者概念时，先给整个班级一个例子。然后让学生以小组为单位进行活动，然后再让学生两个人一组用学过的技巧做类似的活动。最后，让学生以个人为单位展示如何应用学过的技巧或概念。这个方法可以让学生多次地联系技能或概念，并且在独立展示理解和应用之前可以看到其他学生怎么做。

反省时刻

你在课堂中使用哪些小组学习？哪些困难让你没法使用小组活动而只能进行个人学习？你是如何克服这些困难的？

提高学习效率的一些小组活动

任何能让学生积极融入课堂的活动都可以以小组活动进行，下面介绍一些帮你入门的方法。

◎ 游戏：各种游戏都能够激励学生的思考能力。

◎ 剧本：学生可以组成小组一起把一个历史时间或者故事改编成剧本，也可以通过短剧或者话剧来解释概念或者技巧，要求学生写出剧本展示不同的阅读部分。

解决问题

解决问题是所有学生必须学习的一项重要生活技能。从书本上我们学不到这个，事实上，每个人都有自己不同的解决问题的过程。

下面提到的是人们在解决问题时为了节约时间、材料和金钱所采用的六步。

1. 明确问题
2. 确定目标（即期望的结果）
3. 找出不同的办法
4. 选出最好的办法
5. 解决问题
6. 评估实际结果，做必要的改动

教师需要跟学生解释的是，每个人通过自己的经验都会形成自己

反省时刻

你在课堂里多长时间用一次谜语？为什么在课堂里加入谜语既能激励学生又能让他们融入课堂？谜语如何能激发学生进行更高层次的思考？你在课堂里如何加入更多的谜语？

独特的解决问题的方式，这点很重要，最终他们会明白自己在完成一个项目时所经历的思想过程。当他们明白这个过程时，他们就会修正这个技能，让它变得更有效。

发现式和经历式学习

基于大脑的课题中另一个方面是发现式学习，或者通过经历学习。学生在经历了某件事之后，并把这种经历加入自己的知识库或者图示中时，他们才能学得最好。科学和社会研究就为这类学习提供了很好的机会，例如，许多大城市和农村都有名胜古迹或者是展示不同时代的生活，这些都可以让历史栩栩如生。

> 教会你的学生如何学习，这让他们终生受益。

让你的学生自己去寻找和经历不同的知识，如果你觉得这样老师就轻松了，那你就错了。从一个旁观者的角度来看，老师好像什么都不用做。但是，学生在寻找正确答案时需要指导和鼓励，一些学生还需要老师鼓励来完成更多的任务。和大众的观点不同的是，教师的任务不仅仅是传播知识，还要指导学生，教会他们如何自己获取知识。下面我们介绍一些方法。

专家意见

这和前面提到的拼图活动有点类似，把学生分成四到五人的小组，让每个组负责一单元或者一章中不同的部分，告诉他们，他们要在固定的时间里成为这部分的专家。他们需要阅读这部分，进行讨论，还要准备教班里的其他同学。

鼓励他们向你或其他同学问问题，然后通过考试或者其他测试方法考验大家对其他同学所展示的信息的掌握。你会惊奇地发现，学生们知道自己要教其他同学时都非常积极地阅读和思考。

独立思考

让你的学生在与你教的本章内容有关的概念、人物或者话题中任选一个自己研究。给他们创建一个完成表，这样他们能按照这个表进行论文写作、做幻灯片以及展示给其他同学。同样，对于展示的内容进行测试，考验大家对信息的掌握。

发　现

给同学们一个问题让他们讨论，帮助他们通过问题和讨论发现信息。例如，教师可以对学生说："我想知道为什么华盛顿被选为第一届总统。"然后指导他们通过讨论来找到答案。这个可以激发学生问问题的技能，帮助他们进行研究。

利用物体来进行"我想知道……"这样的问题。例如，把一个物体传给学生，说："我想知道这个东西是做什么用的。"鼓励学生根据物体想出其他问题。

当学生问到某一个话题或者问为什么时，让他们利用互联网自己寻找答案，然后可以和班里的其他同学共享信息。

另一个方法是，带学生们出去，进行一次探险，就周围的环境来问"我想知道……"的问题。这些问题不必拘泥于自然或者环境。也可以问，"附近有施工吗"、"我想知道他们为什么这样做"等等，这个可以激发学生进行进一步研究的兴趣。提到建筑的问题，学生们可能会去了解更多关于数学和科学的知识。

实 验

不要纯粹地只讨论一个问题或概念，也可以试试做实验。如果你在讨论埃及和尼罗河，试试做一下实验，展示埃及人是如何在农业中利用洪水的。如果讨论空间探险，用气球来做实验可以展示火箭是如何运作的。如果谈论植物，让学生们自己设计和种植一个花园吧。

经验分享

互联网是个很好的资源，提供了很多可以和学生一起做的实验，在搜索时一定记得输入“学生实验”和你的话题的关键词。

儿童故事

让学生阅读教科书中的一章，然后改编成儿童故事。故事应该是第三人称（例如恺撒关于罗马陨落的故事），而且应该包含本章中所有的信息点。让学生分享他们改编的故事，甚至可以拿给低年级的学生看。

儿童故事也是引入一个新的单元以及将文学和所学内容联系起来的好办法。各个年龄段的人都喜欢听儿童故事，而其中，初中和高中的学生很喜欢通过有趣的活动来重温他们的过去。虽然活动看起来有些幼稚，但是我们却可以吸引学生的注意力，让单调的课堂活跃起来。

有无数的儿童书籍可以运用到各个领域，如果不确定自己要找哪方面的，可以在网上书店中输入话题关键词搜索。

研究项目

在这个信息时代，研究技能是我们能够教给学生的重要技能之一。这个技能应该从一年级起就交给学生，一直延续到高中。在我看来，学生应该每年至少完成三个研究项目。对于高年级学生，要求应该更加严格，这样他们才能为大学或者职业学校的学习做好准备，因为在大学里研究是最常用的学习工具。

关于研究的技巧

孩子们对于周围的世界本能地感到好奇，没有比通过研究来发现答案再好的学习方法了。教师也许会对自己说：“我的孩子还没准备好研究呢。”事实上，是你没有准备好。对于我们这些总记得研究就是二十页的论文的人来说，研究这个词总让人联想到负面的东西。但是，研究其实可以就像寻问题的答案这么简单。下面介绍一些技巧。

从简单的开始

对小学生，让他们利用书本、父母、老师和电脑来寻找答案。对于高年级的学生，让他们利用一手或二手材料寻找问题的答案。要求他们有一个创造性的结果，比如立体书或者立体画。对于初中生，要求他们写论文，可以是双倍行距打印的三到五页。对于九年级的学生，要求写出三页的论文，十二年级的学生则要求写出五页的论文。

记得在要求任何正式的研究之前要教学生如何做笔记，本章后面列出的记笔记的方法可以有效地防止学生在采用其他资源时进行剽窃。

循序渐进

当教师开始带着学生做第一个研究项目时，在过程中要循序渐进。

每一步都给整个班级做演示，然后再让他们自己完成。让学生接受研究项目的好办法就是第一个项目以小组完成，第二项目两个人完成，然后再独立完成。

允许学生选择

选择一个适时且普遍性的话题，然后让学生在大范围里选择具体的话题。例如，如果动物是大话题，学生可以选择自己想了解的动物。

提前明确自己的期望

教师期望项目中包含哪些因素？是希望书面的报告、视觉演示还是口头的报告？在不同的展示方式中，分别有什么期望？这是小组项目还是个人项目？书面报告能够像故事或剧本这样有创造性吗？或者希望一个正式的论文？

给学生一个完成表

这个表里要包含所有你要评估的方面。在纸张的顶部写上项目要求，你可以根据学生的需要决定完成表详细的程度。完成表可以向先生展示过程的步骤，以及每一步要完成的任务和成果。有的学生比别人需要的指导更多一些，你甚至可能要写上每个部分完成的截止时间。

> 研究项目是课堂中较为复杂的活动，学生们会很兴奋很享受这样的协助。

教学生如何写正式论文

当学生有能力写正式论文时，带着他们一步一步地做，尤其是在开始的几次。

不断地监督学生

这个时候可不是教师坐着休息的时候。只要你准备好了，监督就不难。使用第二章讲到的监督办法，随时了解谁在进行任务，谁遇到了困难。

做笔记的技巧

想要成功的做研究项目，学生需要知道如何在寻找资料时做笔记。即使对于年幼的学生，老师也可以通过演示教会他们。虽然你不会让一个幼儿园或者一年级的孩子抄笔记，但是你可以在非小说类阅读中建立他们对做笔记的初步印象。例如，在给年幼的学生读科学书时，你可以用一个在每一页上用图表记下主要意思和细节。

在小学和初中里这样的技巧教得越多，学生在日后的年级里做笔记方面表现得越好。

教做笔记时采用大开本书

在教做笔记时采用像小学那样的大开本书对于老师和学生都更方便一些，因为每一页的信息量都很大。这样学生就不会在量的信息面前感到不知所措，老师方面因为段落精简了，包含的主要意思和细节都很清楚而感到方便。除此之外，在阅读时字体印刷大的书更适合学生。不同话题都有大开本书，都包含丰富的信息量，更容易和所教的话题联系起来，而且有很漂亮的图片。

介绍非小说类图书或杂志

选择容易阅读的书或文章，保证足够多的复印，这样每个学生都能读到信息。开始的时候不要选择百科全书，因为学生会在大篇幅的文章前感到手足无措。下面要介绍一些步骤，先在全班面前做几遍，然后让他们以小组，继而两个人最后一个人进行，这个过程可以帮助学生在做笔记时感到自信。

1. 写下书的名字或者大意作为标题或者话题。

2. 认真阅读每一页，包括图片和图片说明。

3. 总结出每一页的大意。

4. 在纸上将大意写出，作为副标题

5. 从每一页中找出支持大意的细节，用一到两个字在副标题下写出细节。

6. 看着图片和图片说明，这个材料有用还是无关呢？如果是相关的，把它放在相应的副标题下，包括一些细节支持。

例如，关于太阳系的信息可以写成这样。

太阳系

太阳

◎ 中型的恒星

◎ 八个行星：水星、金星、地球、火星、
木星、土星、天王星、海王星

◎ 发光散热

◎ 内行星

◎ 水星、金星、地球、火星

◎ 固体——岩石为主

◎ 离太阳最近

◎ 轨道短

让学生在做研究或者从互联网这样的资源上找资料时运用做笔记的技巧，指导他们做笔记时要和课堂练习一样。当他们习惯用一到两个字做笔记时，你就发现他们不会从资源中剽窃了。你甚至可以让他们对百科全书或其他的科学书籍练习做笔记，来训练他们从简单材料到复杂段落的转变，记得提醒他们不要忘了在笔记上端写上各个资源的题目。

做笔记的方法

1. 阅读每一段，确定是否包含你需要的信息。如果有，进行下一步；如果没有，阅读下一段。

2. 这一段主要讨论了什么？在纸上写下大意。

3. 这段的细节支持是什么？在大意下面写下细节，少于三个字。

4. 阅读下一段，遵循同样的步骤。记住，你不需要把每句话都抄上，做笔记是只把需要的信息提炼出来的艺术。

利用互联网

有必要花点时间跟学生谈谈如何在互联网上识别有效信息。互联网精彩的地方在于它鼓励每个人把自己的想法传上去，不好的地方就在于上面不是所有东西都有效或者真实。学生需要找出展示类似信息的多个资源，这个可以帮助他们明确他们找到的信息是否真实。把通过互联网做的研究和通过纸质资源做的研究甚至和通过原始资料做的研究进行比较，这是验证信息最有效的方法。同样，要鼓励学生去知名的网站。

当和低年级的学生做研究并鼓励他们既采用互联网也采用纸质材料时，要给出他们可以用的网站。把这些网站连同完成表和其他相关的材料放在专门的地方，学生可以直接马上找到这些资源。

充分利用图书馆

图书馆是可用资源里的知识宝库。图书管理员应该是你知道教学话题后第一个要找的人，因为他在很多方面都可以帮助你。比如：

◎ 图书管理员知道和你的话题相关的非小说和小说类资源有哪些。

◎ 他知道图书馆里有哪些杂志与你的话题相关。

◎ 他常常也知道哪些网络资源可能对你的话题有用，他也可以确认学生在网上找的资源是否可信。

◎ 他有网络可以链接到地区内其他学校的图书管理员，通常可以拿到你无法得到的资源。

◎ 他可以帮你找到影像资料和书籍资料在什么位置。

◎ 他还是一个指导你了解不同话题、非常有价值的想法和策略资源。他经常和学校里的各个老师联系，所以他能帮助你联系其他可能有帮助的老师。

◎ 如果你觉得某一本书或者影像资料对许多老师都有用，他还可以给图书馆预定。

教师会发现图书管理员是学校员工中非常有用的一位，不要忽略了这个有价值的资源。准备某一单元或话题时，先要拜访图书管理员，得到他的帮助，就会发现大量的想法、方法和资源。

展示信息

学生可以用多种方法展示在研究中了解到的信息，比如：

◎ 在剧本中重演历史事件

◎ 装扮成一位历史人物或小说人物

◎ 做一个简单的演讲，展示学到的知识

◎ 通过讲课教班上其他同学

◎ 做一个海报展示

◎ 模拟实验

◎ 做幻灯片展示

◎ 做视频展示

◎ 使用数码相机将图片做成视觉展示

◎ 读自己写的论文

反省时刻

为什么要在整年中进行研究项目的活动，而不是一年就做一次？一学年中的哪些话题你用来做研究项目？你如何使用更小的研究活动？

在不同的领域建立联系

另一个有效的教学方法是整合式学习，这一部分将会讲到为什么要进行整合式学习以及一些课堂建议。

分　析

看看我们每天要教的东西，好像永远都没办法涵盖所有内容。但是，通过将主题、概念和技能整合起来，你不仅可以涵盖所有要教的内容，还可以帮助学生在学习过程中建立联系。

整合指的是整合同一话题下不同的主题。大脑研究表明不同主题的概念之间具有联系时，学生会学得最好。作为成人，我们都知道科学离不开数学，社会研究离不开语言和科学。那么怎么能让学生学一些毫无联系的东西呢？如果那样的话，学生的学习只会退步。要想建立起联系，我们可以采用主题单元。研究者表明主题应该能够激发学生，且和实际生活有联系。

优秀的老师会帮助学生在学习过程中建立联系。在学习中建立联系可以激励学生进行更高层次的思维，这一点得到了大脑研究的证实。

如何开始

从本年级要求的话题开始。科学和社会研究是最容易的起点，因为二者既包括了解决数学难题也包括了语言学习，这二者本身就是学习的目标。老师通常会告诉学生与话题相关的技能和目标，然后和其他主题领域联系起来，之后再找到这些领域里技能和概念中共同的联系。比如说，画图就是数学、科学和社会研究中共同的技能。

逐步开始

如果你想双脚跳，快速前进，那么你恐怕会失望。因为不仅仅熟悉这个想法需要时间，在课堂里实施这种新的学习方法也需要时间。和学生一样，老师也有不同的学习方法。有些老师需要兴致勃勃地前进，而有些老师则需要更长的时间尝试，然后才采用这样的项目。整合式学习需要经验和逻辑性思维，最好是能够两个或多个老师共同向学生讲授各种联系，然后在课本学习中使用。下面有一些可以逐步开始的方法。

◎ 当阅读故事或小说时，根据故事情节的时间加入当时的历史事件。

◎ 可以给学生提供作者写小说期间或者生平期间一些有意思的事件，并给出每个事件的时间。一种方法就是做一个“在XX年……”的海报，可以展示那个时代日常用品的价格、流行音乐、名人或者其他内容。

◎ 在地图上指出作者、故事背景、著名科学家或者数学家的国家。

◎ 指出像地形、温度、季节、气候、动物和昆虫生活这样的环境如何影响故事、历史事件或者世界文化的。

◎ 用时间坐标展示在重大科学发现时期的其他事件。

◎ 利用科学和社会研究中的研究项目来进一步学习一个话题。

◎ 在讲授数学或科学中具有实际应用的概念或技能时，展示给学生并和他们一起讨论。

下面我们来看五年级的一个例子。该例的主题是“徒步横跨北美洲”，要谈到以下话题。

学习话题

◎ 从西海岸到东海岸——早期土著人在北美洲的自然迁徙。

◎ 东海岸部落：海岸线环境、栖息地、天气。

◎ 西南部落：沙漠环境、栖息地、天气。

◎ 大草原部落：草地环境、栖息地、天气。

◎ 东部部落：森林环境、栖息地、天气。

技能

◎ 绘图技能——数学。

◎ 从地理区域和图表中收集降雨量和温度的数据——科学和数学。

◎ 对比和比较不同的地区——语言。

◎ 讨论环境对每个地区土著人文化的影响——科学和社会研究。

◎ 对不同土著人的文化进行比较和对比——社会研究和语言。

◎ 土著人神话（对故事进行比较和对比）——语言。

◎ 各个地区的环境——科学和社会研究。

◎ 各个地区发现的栖息地——科学和社会研究。

◎ 食物链——科学。

◎ 能源循环——科学。

◎ 早期人的定居——社会研究。

◎ 对不同北美人部落的研究——社会研究和语言。

◎ 以小组为单位对研究成果进行展示——社会研究和语言。

注意基本的数学和语言技能并不包括在这个整合学习中。我们相信在基础技能和整合学习中会有一个平衡点，我们在练习这些基本技能时使用日程语言、地理知识和数学知识，同时也将这些练习和整合式学习联系起来。除此之外，每天还会有数学、阅读和写作的练习。

跨学科的学习

整合式学习在不同的学科和部门之间也可以实现。如果你确实对整合式学习感兴趣，下面介绍一些方法。

◎ 你和你的团队成员需要达成共识，即整合式学习是学生最好的学习方法。

◎ 互相交流整年需要教授的技能和话题。

◎ 大家一起确定整年的主题以及接下来六周的主题。

◎ 集体计划会让整合变得更容易。

◎ 每堂课都会覆盖这一天课程的一部分内容。

博 客

通过博客学生可以读到其他人的想法，还可以做出评论，每个人都有平等的机会分享想法。即使是你班里最害羞、表现最不出众的学生也可以在这里开辟出一片新天地。博客并不难，相反学生都很喜欢，因为它可以给学生的学习带来巨大的成功。你只要提前稍微策划一下，花两个小时就可以创建自己的博客了。

为什么要选择博客作为一种教学策略呢？因为它可以容纳和鼓励很多学生。如果觉得需要了解学生的思想，帮助他们思考自己的行为如何影响别人的生活，那么这是一个绝好的策略。学生要面临大量的考试，那么学会回答开放式问题成为一个重要的技能，批判性思维和将书本与现实联系起来的技能成为得到高分的必要能力。让学生创建博客并和同龄人在网上交流能够直接了解学生在青春期的状态,这样教师可以达到你的课程目标,也能够帮助学生准备好能力考试。

博客可以以不同的形式运用于任何学科，比如：

◎ 科学：在一次科学实验后分享学习心得。

◎ 数学：讨论基本概念，更好地了解数学公式背后的逻辑，在学期初讨论数字如何表现在我们生活中的方方面面。

◎ 当下事件：写实文学可以让学生置身于现实生活中，博客可以利用思想的交流。

◎ 社会研究：学生讨论历史时期中对政治和文化的研究。

◎ 艺术：表达对著名艺术作品的印象。

◎ 创造式写作/语言：编写故事、解析诗歌、研究作者、文学批评。

◎ 语言：讨论名言意思和与学生生活的联系。

◎ 课堂管理：通知学生课堂要求，发布讲义、通知和作业，或者成为学生之间问答的平台。

◎ 在线指导：高年级的学生可以帮助低年级的学生建立写作和批判式思维的信心。

◎ 合作学习：小组中的每个成员都有自己的任务，通过博客发布研究发现。

◎ 校间交流：通过博客和本地区或其他地区的学校进行交流，就共同的课程分享意见。

◎ 俱乐部或课外活动：对于需要完成同一任务却又不能经常见面的小组成员来说，博客是非常好的沟通工具。

◎ 讨论：任何话题、学科，任何年级。你只管提出话题，让学生们自由讨论。

组织良好的博客会有以下作用：

◎ 在增加使用电脑和互联网舒适度的同时可以激励学生阅读和写作，可以实现不同学科之间的融合。

◎ 提供个人阅读和写作空间，同时也提供一个交流思想、提问回答问题和提高社会凝聚力的共同空间。

◎ 适用于不同年龄段，同时适用于男生和女生。

◎ 帮助学生为将来做好准备。

◎ 在课堂内外都容易操作。

◎ 提供学生乐意完成的作业和学习任务。

◎ 同时适用于学生和老师的强有力工具。

采用下面的步骤创建博客：

1. 确定目标，以及达成目标博客应该如何运作。

2. 找到可以满足你需求的站点。最重要的是，你要确认找到的站点可以提供隐私设置。

3. 如果需要，给家长提供解释，并征得他们的同意。

4. 确定你如何评估博客，如何确定学生数量，从而确定学生参加的要求。

5. 确定你对学生语言的要求（母语或英语）。

6. 让学生注册姓名和密码，如果你要建立学生账号时才需要这样做，大多数的博客站点可以选择让学生自己注册账号。

7. 在站点上注册，通常这个过程需要十多分钟。一旦注册好了，博客也就生成了。通常站点会给你提供个性化的选择，你可以添加图片、更改字体等等。个性化页面的过程可有可无，通常也是最耗时间的部分。一旦你的网页修改好，就可以开始讨论了。

8. 把作业和讨论放上去。

9. 给学生截止时间。第一次使用博客可能会出现问题，但是学生参与之后他们就知道如何操作了。

注意以下几点：

◎ 在博客里创建学生部分的时候首先要想到他们的安全，使用专门为教师和学生设计的博客站点可以很大程度上保证安全。

◎ 在发布每条消息之前都要再确认一遍，在讨论热点话题尤为重要。

◎ 让你的博客只对成员开放。

◎ 选择你为学生们申请账号，而不是让他们自己申请。虽然可能多花些时间（大概一小时），但是可以让你掌握控制权。考虑到学生的年龄和讨论的话题，你就会这样做了。

◎ 从一个班级、一个小组或者一个单元开始，在你向更大的论坛开放前先解决各种问题。

◎ 和别的策略一样，不要过度地使用博客，学生会感到厌倦。如果你第二单元用博客，后面就改变要求或者使用的方法（比如从问答式讨论变成合作完成项目）。比如，你可以提供一个故事的开头，学生登录后就需要顺着前面同学的情节继续编故事。

结　语

在基于大脑的课堂中学生可以积极地融入学习过程中。每个人对未知的事物都有好奇心，但不幸的是，传统课堂和阅读课本的孤立性压制了这种好奇心，学生变得厌倦，不愿意学习。我们希望本章内容可以激发你教会学生使用合作式学习方法，比如发现式学习、整合式学习、通过经历学习等。

附表1 做笔记的方法

1. 阅读每一段，确定是否包含你需要的信息。如果有，进行下一步；如果没有，阅读下一段。

2. 这一段主要讨论了什么？在纸上写下大意。

3. 这段的细节支持是什么？在大意下面写下细节，少于三个字。

4. 阅读下一段，遵循同样的步骤。记住，你不需要把每句话都抄上，做笔记是只把需要的信息提炼出来的艺术。

记住，做笔记不是抄下所有的东西，而是摘编需要的信息。

附表2　实地考察准许单

尊敬的家长：

我们将对＿＿＿＿＿＿＿＿＿＿进行实地考察。为了学生的安全，我们有必要让你知道此行的目的地和目的。请您留意下面关于此次活动的信息。

地点：＿＿＿＿＿＿＿＿＿＿＿＿＿

日期：＿＿＿＿＿＿＿＿＿＿＿＿＿

时间：＿＿＿＿＿＿＿＿＿＿＿＿＿

目的：＿＿＿＿＿＿＿＿＿＿＿＿＿

请您填写下面的内容并签字，裁掉下面的部分，并在近日返还于我。如果您有任何问题，欢迎在＿＿＿＿＿＿至＿＿＿＿＿＿期间联系我。电话：＿＿＿＿＿＿。

此致

敬礼

- -

我，＿＿＿＿＿＿＿＿＿＿＿＿＿＿同意＿＿＿＿＿＿＿＿＿＿＿＿＿参加到＿＿＿＿＿＿＿＿＿＿＿＿＿＿＿的实地考察，我（不）会给孩子送午餐/买学校的午餐。

我的孩子有以下特殊情况需要照顾：＿＿＿＿＿＿＿＿＿＿＿＿＿＿

签字：＿＿＿＿＿＿＿＿＿＿

日期：＿＿＿＿＿＿＿＿＿＿

附表3 实地考察指导

日期：____________________

时间：____________________

地点：____________________

小组：____________________ 志愿者：____________________

学生名单 当日安排（包括展览安排）

请在考察过程中让学生考虑或讨论以下问题：

请确保参观以下展览：

第 8 章

激发学生的学习动力

当课堂中学生的学习热情减少时你会怎么做呢？这种情况在学校里常常发生，最好的答案就是让学习变得有趣。这可能有点棘手，因为最难的一点就是激发学生的学习动力。事实上，威廉·格拉瑟（William Glasser）在他的书《选择理论在课堂》（1998）中指出教那些不想学习的学生几乎是不可能的，因为他们对老师非常抗拒，关键是要激发他们的学习动力。

当你要激发学生学习动力时，首先要想到什么东西能激发你的动力。许多人对那些对自己有意义或者重要的新信息感兴趣，比如说对于汽车爱好者来说，任何和汽车相关的东西都是有意义的，都能够激发他们的兴趣。那么什么话题对你的学生来说有激发作用呢？你要做的就是找出这些话题。

还有什么能够激发人们学习新事物呢？生存是一个动力。想想那些在只说英语的课堂里的外国学生吧，生存的本能激发他们学习一种新的语言，从而能够更好地了解周围的环境。

相反，哪些事物没有激发作用呢？想想在你生活里，排队的时候、等待新工作或者学校录取通知时，或者等待一个问题的答案时，坐在那儿无所事事，这都没有激发的作用，人们就会变得焦躁不安、烦躁和无聊。

现在将这些想法运用于课堂中，学生是不是每一天都有学习目标呢？每节课的目标是否有意义？还是说学生每天来只是暖暖凳子呢？

只是听别人说话其实是非常无聊的事情，除非有动力这样做。想想和别人谈话时，他们表现出不感兴趣，后者只是敷衍回应。学生是否有一样的感受？话题是否不能引起他们的兴趣？是不是对一个话题喋喋不休，而学生其实更愿意动手去理解它？

问问自己的活动是否能联系实际。比如说，学生只是做百分比的练习呢，还是将知识应用于生活中？用工作单算出喜爱物品的价格对于老师来说更容易操作，但是用商店的传单却更加实用和有激发作用。问问学生按他们的零花钱要买一个心仪已久的物品需要多长时间，这些活动要求学生将学到的知识应用到生活中，而且很有激发性。

学生越多的参与课堂就越有学习动力。要参与这些活动，学生必须掌握各种信息、技能和概念。这也包括小组活动、讨论、做项目、研究或者制作产品，关于这些内容我们前面已经谈到很多了。

通常来说，那些老师只是讲课，让学生做无意义的事情、做额外作业和重复性任务的课堂最无聊。而那些让学生积极参与，自己发现学习，与别人互动以及鼓励师生之间互相尊重的课堂最有激发作用。

那么，教师该怎么做呢？在课堂上准备一些能够让学生自己学习的活动。如果一堂课不太顺畅或者发现有学生发呆时，冲着他们笑一笑，拿出可以吸引他们注意力的东西。那就该想想怎么做让学生参与进来了。

下面这部分将书中提到的各种想法和策略列了出来，也会讲到其他一些能帮你激发学生的办法，当你在做课程计划时或者需要时可以拿出来看看。学生在课堂里参与的越多，就会越兴奋地去学习。而且，忙着自己学习的学生纪律问题也比较少。那么就来看看下面的方法吧，让学生每天都积极地融入课堂中。

想法与策略

作者简介

让学生在写作作业前面加上“作者简介”的内容。先让学生给自己照相，然后看看其他书上“作者简介”这部分是怎么写的，要包含哪些信息。然后让学生写一个关于自己的介绍，打出来和照片放在一起，并在中间加上标题“作者简介”。最后打印出来，学生就可以在各种作业中附上这份作者简介了。

把主要事件或内容表演出来

让学生站起来，让他们把文章的主要内容表演出来。把文章分成不同的部分，这样每个同学都能参与。学生会觉得非常有意思，会发挥自己的创造性。你也可以把他们的表演录下来给家长看。

地图集活动

在学习文化和地理时，给每个学生一个经度和纬度，让他们找到相应的地点，并收集这个地点（有可能是城市、城镇或国家）的信息，比如平均温度、降雨量、食物、住所、风俗以及其他和课程有关的数据。这是研究多种文化的一个好起点，也可以作为学习某个地区历史事件的课前活动。下面介绍一些相关活动。

地图集比赛。让学生和其他同学竞争，用地图集找到世界上不同的地名。如果你要把它作为一个比赛，可以从全班开始。通过五个不同的游戏选出五位优胜者，然后他们之间再竞争得出两名优胜者，最终的冠军从他们之中诞生。

涉及小说的活动。在读故事或小说时，让学生在地图上找到背景中的城市、城镇和国家。讨论这些地方在哪儿，离学校多远。高年级的学生可以练习经度和纬度，讨论这个地方的文化、环境和天气。讨论这些因素对故事有何影响，故事中的背景表现出的是否是这个地方真实的情况。如果故事的背景是虚构的，那么作者的家乡在哪儿？他的故事是否反映了家乡的文化和气候？

涉及其他科目的活动。在地图上找到历史事件发生的地方，距你居住的地方有多远。找到不同科学家、数学家、艺术家、音乐家、体育人物和其他著名人物的家乡，他们家乡的文化、历史、地理或者气候对他们有何影响？

画作展览

学生喜欢用不一样的纸笔做活动，所以给他们一些硬纸板和荧光笔，让他们画图、解决问题、画故事连环画等等，在学习健康时可以画身体的部位。把这些作品挂在教室里，可以对视觉型学习者产生刺激。

集思广益

集思广益可以给学生机会参与到课堂的决策和讨论中，可以让学生大声地说出自己知道的信息。这是写作前一个非常好的策略，也是在开始一个新的概念之前有效的刺激办法，学生可以先独自记下自己的想法然后和其他同学分享。老师要记住每个想法都是值得尊敬的，不能嘲笑学生的想法，即使这个想法非常荒谬。在集思广益的时候，要谈论到所有的东西。我们希望鼓励学生创造性的思考，而不是遵循别人的思维。你可以用集思广益做以下的事情。

◎ 获得写作的话题

◎ 获得采访或者研究项目的问题

◎ 获得采访嘉宾的问题

◎ 获得实地考察时所用东西的清单

◎ 获得阅读课本前需要回答的问题

◎ 获得讨论的话题

小册子

小册子是学生展示自己创造性的好途径。他们可以用小册子宣传时光旅行，说服人们回到历史的某个时期旅行，在那个时代可以看到谁，可以去什么地方，可以经历什么。

让学生做一个世界旅行的计划。他们可以看到什么？采取哪条路线？有多远？需要坐飞机吗？花费是多少？住在哪儿？在计算汽油和其他如食物、住宿和旅游景点的花费时需要用到数学概念。整个旅行要多少花费？高年级的学生可以解决下面的问题，如果每个小时前进×公里，那么旅行中每一段需要多长时间？如果每个月节省×元，要实现这次旅行需要存多久的钱？下面还有一些别的做法。

◎ 学生在学习新的数学概念时，让他们做一个“解决问题乐园”的小册子，上面写上解决这类数学问题的小窍门。

◎ 学习世界文化时，制作小册子，劝说人们去不同的国家旅行，或者推销他们提供的国家。

◎ 学习任何概念都可以让学生制作参观“……乐园”的小册子，比如原子、火山、棒球等等，里面介绍这些概念的内容。

◎ 让学生在电脑上制作小册子，这样就可以插入一些图片。

看动作猜谜

给学生学过的物品、人物或者概念，学生必须通过动作展示让其他同学猜，第一个猜对的同学再上来表演。

儿童书

儿童书籍是引入新单元和课程的好办法，即使高年级的学生不愿意承认，但是每个人都喜欢听儿童故事。如果你不知道如何引入一个概念或技能，看看能否找到一些相关的儿童书，作为引入课程的跳板。

连环画

给学生一本3~6页的连环画模板，让学生自己创造角色，完成下面的任务。

◎ 解释近期学过的概念，这个可以在一个单元讲到一半或者快结束时作为评估使用。

◎ 描述或推荐过的一本书。

◎ 展示事件中的因果关系。

◎ 展示故事的情节顺序。

◎ 展示名人的性格。

◎ 比较或对比两个话题、任务、事件和概念。

◎ 总结读过的故事。

◎ 支持或批判历史或当今事件中的决策。

◎ 创建故事的开端。

◎ 总结一个故事情节，后者描述一部小说的主题、语气或者高潮。

◎ 解释实验的结果。

◎ 展示如何解决问题或者证明方程式。

小学生可以用1~3页的连环画来写作。

概念板

概念板是让学生分享和展示自己作品的途径，这在做科学实验和读书笔记时常用，效果不错。也可以用于回顾以前教过的技能，老师可以在家长会和家长之夜中展示给家长。概念板不需要很大，学生可以用半张或者1/3张海报纸板来做。一旦裁好之后，把纸板折成三部分。

学生可以用概念板汇集学过的信息或者在研究项目中收集到的信息，可以用结构图来展示分好类的信息、物品。

建立同一概念下的迷你中心，在概念板的上方写上中心的名称，在每个中心使用布鲁姆分类法的关键词来开展活动，比如：匹配、标记、猜谜、搜寻、写作、阅读、小实验等等。把需要的材料粘在板子上，这些活动不用很复杂。这些便携的纸板容易存放，而且可以拿到学生的座位或者小组活动时放在桌子上。

设计广告

把学生分成小组，让他们为一个本单元学过的物品、技能或者概念做广告。学生需要用道具，还要用玻璃纸设计背景。把这些广告录下来，学生们很喜欢看。

创造世界

让学生自己创造一个城市、小镇或者国家。在绘制地图时他们会用到地理技能，确保他们用到图例、地形和坐标，并给学生提供奇形怪状的图形用来做国家的边界线。

汇　报

在介绍一个较长的话题时，给学生3~5分钟的汇报时间。在讲完一部分后，停下来给学生几分钟讨论。如果学生还不太明白怎么做，老师可以提供一些问题或者陈述的模板。如果教室里有设备，可以和博客一起使用。根据学生的年龄，你可以在汇报这部分时采取不同的方式，比如有的学生讨论话题，有的写或者问问题，有的记笔记，有的就静静地坐几分钟。这个方法可以让学生谈论，但是不会影响话题的进程，还可以让大脑有时间处理信息。

设　计

给学生机会利用课堂学过的技能设计新事物。你也可以挑战他们，让他们结合特定的概念与技能设计物品。这样学生可以利用自己的设计创造东西，有机会评估自己的成果是否满足要求，能否得到想要的结果。

立体画

在学完一个新概念后，让学生制作一个立体画来展示学过的东西。他们可以在鞋盒子里用硬纸、草、嫩枝、塑料人物和钓鱼线等材料展示一个三维的场景，在鞋盒的外面，学生写上一段话，描述场景或者解释概念，然后在学校里展示给大家看。

画　画

在阅读和写作之前，让学生就一个话题画幅画。这有助于他们集中精力去了解要学的东西，也可以在学生阅读和写作不成功时起到鼓励的作用。

思维导图

这个和网站导航很像，只是用图画取代文字。这个方法可以应用于各个学科，展示不同思想、事件、人物等之间的关系。学生可以自己画图，也可以用电脑绘图工具，这可以让那些天生就是视觉型的学生炫耀一番。

故事板

让学生把一张纸叠成4~6个正方形，在这些卡片上展示事件的顺序。这个可以用来展示故事、历史事件的发展顺序，以及解方程的步骤等等。

扮演角色或历史人物

学生通过研究学习一个历史人物。作为一个结束的活动，学生可以扮成自己的历史人物做演讲。

演讲应该是第一人称，能让其他学生了解这个历史人物，然后其他同学可以问问题。如果这个学生之前研究得很充分，那么他就能够回答问题。

实 验

不要只是让学生阅读，也让他们做实验。

学生学习地貌时，让他们自己做山峰、平原、三角洲和高原的模型，把它们和沙土、水和空气混杂起来，学生就能明白河流和风是如何帮助形成不同地形的。实验都很有意思，很容易，也非常能激发学生的动力。在做课程计划时，找找和话题有关的简单实验。实验是引入新话题、应用技能和提高学生对概念理解的非常有趣的方法，而且不仅仅限于科学。

专家意见

学生先了解某一话题中的所有内容，然后再教给其他同学。让学生自己学习非常能够激发他们的动力，尤其是在他们的研究能够得到一个成果时。幻灯片是一个很好的展示信息的方式。

自由表达

给学生提供较多的选择，孩子们像成人一样，也很擅长用不同媒介表达。让他们试着写写歌曲、诗歌、话剧等等，提供机会让他们以自己的方式展示所学的东西。在教室里开辟一块儿地方放油彩、海报等材料，这样学生可以制作木偶、拼贴画等艺术作品，他们很喜欢发掘自己创造性的一面。

游戏时间

许多游戏都包含学校里教过的技能。大富翁和双陆棋就需要解决问题的能力，拼字游戏则考查学生的词汇和拼写，这些都是适合小学生的游戏。教师可以找到很多适合儿童的桌面游戏，这些可以教会学生轮流的技能，以及在涉及输赢时能够胸怀宽广，游戏还可以让学生学会团队合作。

学生也喜欢自己发明游戏，这种活动促使学生进行高层次的思维。让学生用所学的知识编一个游戏，该如何在游戏中教会别人所学的知识呢？这个游戏是复习型的呢还是教学型的？老师要强调游戏规则必须要清楚明了。如果是教物理，那就让学生发明一个游戏，看看他们是如何在游戏中使用斜坡、滑轮、轮子、重力和运动定律的。

用拼写游戏来复习拼写和词汇。可以用投篮的游戏，把单词写在纸条上，放在杯子或篮子里。将班级分成两组，一个同学拿出一张纸条念给另一个同学，这个同学必须说出单词的拼写。如果拼对了，那么他就获得一次投篮的机会（可以用篮球和垃圾筐）。如果投中了，这一组继续玩，如果拼错单词或者没投中，那么机会交给另一组同学，最后投中的分数多的那一组获胜。还有一个游戏，将学生分成四至五队，老师念一个单词，每组的第一位同学跑到黑板前写出单词，写得最快而且正确一组获胜。另一种版本是，小组里一个同学写一个字母，最后先正确写出单词的小组获胜。

了解自己的学生

你对自己的学生了解越多，越能够和他们建立良好的关系。班里的每个学生都是不同的个体，有自己的个性、需求和喜好。真正了解他们是不同的个体吗，还是他们只是一张张不同的脸？如果老师能花时间去了解学生，并表示关心他们，那么学生更有动力努力学习。在小学里老师常常这样做，但是随着学生年龄的增长，老师做的就越来越少了。但是，在中学里保持这种友好的师生关系仍然很重要。

快乐布袋

每当有学生做好事时，我们的“友善使者”就把他们的行为记下来，放在快乐布袋里。在每周固定的一天，老师就把袋子里收集的行为读给大家，这样鼓励了学生之间的相互帮助和友谊。

申请工作

让学生申请教室里能够做的工作，这样可以帮助学生了解真实的生活，也可以激励他们把工作做得更好，因为他们知道自己有可能会被“开除”。每学期都变换不同的工作，这样其他同学也有机会申请。这种做法非常有激励性，因为学生喜欢别人认为他们有用。

你有没有特别难管理的学生？通常最调皮捣蛋的学生是最好的领导者。利用他们的领导才能，让他们为你服务。你可以对他们这样说：“我发现班里许多同学都很敬仰你，这表明你有很好的领导能力，我需要你这样的领导者来帮助我。”这些学生也许只是需要别人相信他们其实比你想象中的要好，请求学生为你做一些重要的工作能够将他们变成你最好的助手。

迷你研究

让学生多做一些不太正式的研究，以培养他们对研究的兴趣。研究不一定要非常复杂，可以只是对知识的一种探求。老师利用多种资源布置研究的话题，可以让学生搜寻信息来回答某个话题的问题。老师要让研究看起来不那么可怕，这些学生才会喜欢，并且会因为成功地找到信息而自豪。

要记住，研究可以像只是寻找答案这么简单。比如问学生“为什么蜂鸟飞得那么快”这样的问题可以激励他们通过书籍、图片、视频和网络寻找答案。当然学生可能会回答：“我不知道，为什么我找不到答案呢？”然后老师要告诉他们该如何找答案。如果可能的话，不要让学生一直等着，应该立即满足他们的求知欲，这样你教会他们的是受益终生的学习技巧。

壁 画

让学生在硬纸上画出学过的物体、概念、人物和事件。现在课堂上告诉学生壁画怎么做，包括应该包含什么内容。全班一起在黑板或纸上想出整个壁画的大概内容，学生可以自己选择想画的部分，你也可以让一组的学生负责一部分，最后再将所有的放在一起。可以将这些壁画挂在学校大厅里，这样能够生动地展示出学生学过的东西。

新闻和时事通讯

让学生以新闻的形式描述自己的学习情况。这些文章可以是只提供信息，也可以是描述性的，可以展示学生在本单元学过的内容。在电脑上将所有的新闻做成时事通讯或者报纸，所有学生都可以写，也可以插入图片，老师把时事通讯或者报纸打印出来和学校里的其他人分享。

便 条

我们在课堂中总是能用到便条，所以要鼓励学生适应这种传统，比如可以在同学过生日的时候写一个祝贺的便条，或者是给父母写便条告诉他们一天过得怎么样。

利用电脑和有特色的纸可以很容易给学生做一些个性化的便条。在学期初，可以用一个卡片制作软件创建很多写有不同信息的卡片，然后学生需要的时候就可以给他们。

每个人都喜欢收到便条，这表明有人想着他们。如果有学生看起来比较郁闷，可以给他一张写着“加油”的卡片。不要只是在表扬学生努力学习时采用卡片，也想想其他能让卡片对学生意义不凡的情况。如果制作表达不同信息的卡片，可以只写“亲爱的____________”，大概写个内容然后签上字，如果时间较多的话，可以多写点。

户外活动

天气好的时候带学生出去，到处走走，拣拾树叶，观察树木和树根，辨别不同的石头，或者观察云的形状。我们这个世界有太多的需要学习，我们应该好好利用它，多在户外活动。谁说学习只能在室内进行呢？

也可以带学生出去玩团队的游戏，或者拿着粉笔在墙上做数学题。可以让学生做一些能够加强课堂教学内容的东西，一些容易杂乱的活动最好在户外完成。另一个可以做的活动是在户外让学生用粉笔测量太阳和各个行星之间的距离，或者把学生分成不同的组，让他们用自己的身体创建一个小小的太阳系，模拟行星围绕太阳转的场景。

走出教室，让学生写诗和故事，户外美丽的大自然能激发这些小小的作家和艺术家呢。

教师有许多方式和学生一起享受户外世界的同时学到知识。

纸袋子

学生可以用纸袋子替换传统的纸和笔。在袋子里装上闪光纸、标有事件顺序的纸条、人物特征等，在袋子外放上装饰，里面放上从历史、话剧、小说或其他内容里选出的有意思的故事。学生可以通过袋子里的东西来参与活动。活动刚开始时，可以让学生根据袋子外的装饰猜测活动内容。老师要鼓励学生之间的合作，如果一个组刚好有另一个组需要的东西，那么他们之间就需要合作来共享信息。

袋中的故事是一个让学生做读书笔记的好方法。袋子外面用任何材料装饰，比如闪光片、贴画、剪纸、蜡笔、荧光笔、油画、毛毡等等，学生也可以任意设计，比如从书中的故事情节选一个场景。

你可以在袋子里放上不同的东西，让学生完成不同的活动。比如，你可以在索引卡片上写上故事梗概，在方纸片上写上主要角色，在彩色索引卡片上写上故事背景，问一些关于书的问题，同时附上答案，或者是写上生词和解释以及对应的页数。一年做一到两次，可以让传统的读书报告变得有意思。年幼的学生也可以不做纸袋，而做木偶，对于那些害羞的孩子来说，木偶可以让他们交谈并参与到课堂里来。

表扬学生

表扬学生是激发他们极好的方法。当他们和全班同学分享答案时，老师要记得感谢他，说：“答的非常好！”于是你会惊奇地发现举手回答问题的同学更多了。

基于问题的学习

提出一个问题场景，让学生去解决。学生在小组解决问题时，老师要给他们提供像书和网站这样的资源。可以要求他们解决一个具体的问题，也可以让他们为一个新成立的委员会制定规则，甚至制定新城市的发展计划。这个活动应该能让学生学到教案里列出的概念和技能，并且通过最终的提议或者成果展示他们是否已经掌握了。

老师的工作是协助、帮助学生找到解决问题的资源，让学生自由发挥，会发现他们的解决方法是非常绝妙的。

引 用

当学生写出深刻或者幽默的话时，让他们抄到特殊的小纸上，然后粘到教室的公布栏里，这能让学生知道他们所写的话很重要。

另一种做法是每天或每周摘抄一位名人的话，将这些名言用作当天或那一周讨论的引子。比如音乐老师可以用莎士比亚的名言：“每个人都是音乐制造者，都是追梦人。”

还有一种做法是让学生续写名言。给学生一句名言的开头，让他们用自己的话续写，之后再和学生讨论每个名言的意义。

分角色朗读

节选小说或者故事中的一节，让学生像话剧里一样朗读不同的角色。朗读的同学坐在教室前排，面对其他学生。当轮到自己的角色时，学生就朗读角色的对话。老师指定多个学生朗读后面的部分。

如果学生已经把课本里的内容改编成了剧本，可以让学生朗读指定的部分，不用让他们演出来。

记住一些信息

学生很喜欢和关心他的人一起学习。开学第一天后记住学生的名字，这可以表示你在关心他们。学生也希望别人能记住他们的生日，在他们的生活里，庆祝成长了一岁非常重要，而且对于有的学生来说，这是唯一一次机会他能够得到别人的关注。老师尽可能多地庆祝生日，一张生日卡片、一块儿插着蜡烛的蛋糕或者其他任何简单的事情都对学生有效。

另一种庆祝方式是用生日袋。在开学第一周，让学生每个人装饰一个纸袋子，上面不写姓名。在一学年中，每次都随机取一个袋子，让其他同学写一些生日祝福。将这些祝福、一些糖果、书签、贴画放在袋子里，午饭后大家可以一起唱生日歌，然后将袋子送给过生日的学生。这样做会让学生特别满足，因为许多学生都没有经历这样正式的生日聚会，而且有的时候其他人会忘掉他的生日。但要注意的是，有的文化里并不庆祝生日。

传递法

让学生用传递法讲故事。每个学生在纸上写出故事的第一句话，传给另一个学生写一到两句话延续故事，这张纸一直传下去知道每个人都为故事写了一两句话。这个方法非常好，可以让学生知道紧扣话题的重要性以及故事的流畅性。

这个方法也可以用来解方程式。让一个学生写出方程式第一步，传给后面的学生，一人写一步，直到完成整个方程式的推算。

第三个用途是用来写一个事件的发展顺序。

剧本写作

将学生分成几组，并将课本的一章也分成相同的部分。学生在阅读完指定的部分后，一起将它改编成剧，然后各组按顺序表演。

教师也可以让学生将一部分内容改编成儿童故事，也鼓励他们给故事画上插图，然后将不同的部分按顺序排好装订成书。这些书可以发给低年级的学生，帮助他们了解书中的概念或历史事件，也鼓励学生走进低年级的课堂，将故事讲给他们听。

不同形状

利用八角形、正方形、五角星等各种形状帮助学生理解物体之间的相似性和差距，明白事物的分类和排序。例如，三角形就可以形象地让学生理解层级。还有一种方式是将这些形状制作成三维立体的，在每一面上写上说明。

让学生将书剪成符合当时所学内容的形状。装订起来的书非常有意思，在书的顶端或者侧边打些小眼，用彩色的线串起来，这种装订的书可以用来做日志、插图片甚至是完成日常作业。

课堂分享

让学生在课堂里分享自己写的或学到的东西可以有利于创建积极的学习环境，并让学生感到自己的重要性。鼓励学生把学到的内容与实际生活联系起来，问问他们是否经历过故事中描述的场景，让他们讲讲自己的经历。低年级的学生尤其喜欢和别人分享自己的故事，这样他们觉得学习有意义。

便签纸和彩纸

让学生在便贴纸这样的纸上写作业。教师可以找到各种形状的便贴纸，这个方法可以用来检查学生对内容的理解。让学生在便贴纸上写上姓名和课堂问题的答案，把这些便贴纸收上来粘到一起，这样可以通过很快地翻阅这沓纸来判断是可以继续讲了还是要再复习一下。还有一个方法是让他们在彩纸上写作业，这样比在常规的笔记本上写要有意思得多。

团队合作与交谈

学生在团队里活动时学习积极性很高，而且他们的交谈也因为讨论要完成的任务变得更加有意义。除此之外，团队合作让学生在课堂里有机会社交，这就意味着他们在课堂上捣乱的几率变小。如果他们知道一会儿会有说话的机会，他们就能安静集中精力地听老师讲。

旅游驿站

如果工作单上有很多课程要求解决的问题，不妨将它们综合到一起。在教室里设立多个驿站，将问题粘在每个站点。让学生两人一组，在教室里“旅行”，每走到一个驿站就要回到贴在那里的问题。为了让活动更有意思，也可以在每个站点给出提示，学生必须解答提示问题才能知道下一个驿站在哪儿。这种方法也可以用于完成其他活动，学生走到不同站点，完成那儿的活动。学生在旅途中经过指定数量的站点即可，这样可以让学生选择想玩儿的部分。

拍摄采访

当学生扮演书中的历史人物时，可以通过组织采访让活动变得更有意思。学生两个人一组，想一些可以问的问题。在讲台前放两个椅子作为背景，两个扮演历史人物的学生互相采访。学生特别喜欢看到自己在电视上的表现，所以一定记得把他们的采访录下来。

看得见的故事

学生可以利用网上软件在故事中加入图片和音乐。这个方法可以用来复述故事，也可以用来展示学过的概念。比如说，在阅读了美国南部殖民地大庄园和城市的日常生活后，学生可以通过图片来展示其中的一部分内容，然后再根据图片来选择音乐。学生也可以用这个方法讲述自己原创的故事，可以尽情地展示他们的创造性。

黑板讨论

老师把问题或者激发性的句子写在黑板上，让每个学生都参与到讨论中来。让他们把自己的例子、想法、答案等写到每个问题或句子的下面，让他们用不同颜色的粉笔写，这是非常好的一个开始讨论话题的办法。这个方法中同样可以使用结构图，让学生把答案写到结构图中。

活 力

老师加入到要求学生完成的活动中可以给课堂增加许多活力。学生喜欢看到老师的成果，尤其是看到老师积极努力地去完成一项任务时，他们会更加有动力付出自己的时间和精力。这个方法可以很好地起到表率作用，也可以好好地享受和学生在一起的快乐。

对所教的内容保持热情也可以给课堂增加活力，激发学生的学习动力。热情能够吸引学生的注意力，学生看到教师充满活力时会不由自主地笑起来，兴奋起来。

放 大

让学生挑一个话题，然后放大其中一个细节，深入地探讨这个部分。比如说，在学习文化时学生可以集中讨论发型或者时尚。在科学课上也能很容易地运用放大，让学生用显微镜或者放大镜观察事物，然后把看到的东西写下来。

反省时刻

如果让你用一个词总结如何激发学生的学习动力，你会用哪个词？为什么？为什么快捷而简单的方法有利于使学习变得有趣？你有努力利用这些方法吗？为什么？目前你学到哪些你在以后课堂上可能用到的方法？

还有一种有意思的活动是让学生带着放大镜走到户外，让每个学生选择一个物体，通过放大镜观察，然后写一段描述性的话，然后大家交换写的东西，通过他们的描述猜猜是什么物体。

面临不肯学习的学生

如果遇到上课不愿意完成课堂任务的学生，怎么做呢？当然这种情况让人非常沮丧，老师们通常的反应也是气愤。也许你会绝望地举起手来，甚至更糟的是放弃这名学生，任由他在课堂上做自己的事情。所有的这些事情对于学生都是伤害，相反，我们应该花时间仔细去研究事实的真相，明确问题。学生课堂上不学习的原因到底是什么？

学生不肯学习的态度背后有许多原因，比如：

◎ 维护自己的声誉。学生不想让他的伙伴们知道他很聪明想学习，因为这样会降低他在同伴中的地位。

◎ 没有学习动力。学生感觉任务过于简单，或者之前已经做过无数次类似的任务，对于同一样东西学生感到厌倦了。

◎ 感觉自己不行。许多年来，别人一直有意无意地告诉学生说他不行，所以他与其感觉自己像个失败者，不如完全不去尝试。

◎ 感觉无聊。学生对课程和学习任务感到无聊，习惯开小差，或者和朋友递纸条。

当你面临不愿意参与课堂、不交作业或者不完成课堂练习的学生，可以做下面的事情。

◎ 从问题的根本出发。这个学生到底怎么了？和这个学生一对一地谈谈，或者是和他的父母谈谈，看看是不是一直以来都有这个问题。老师也可以和学校的辅导员，或者他之前学校的老师谈谈，问问他们所了解的这名学生是什么样的。

◎ 为学生提供更多的选择。不要只是让所有的学生都写作文、话题，或者做课堂活动，老师应该提供更多选择，让学生选择自己更感兴趣的。

◎ 每天都和学生聊天。和他们谈谈一天过得怎么样，看看他们的生活如何。这个方法可以发现学生潜在的兴趣和能力，同时也向学生表明老师对他们的关心。当他们感觉到老师的关心时，就会更加努力学习。

◎ 让学习贴近学生。如果你对学生不了解，这个做起来就比较难。但是，人们常常会对那些自己感兴趣的话题更有学习动力，更容易在自己感觉重要的事情而不是那些别人告诉我们必须做的事情上花更多的时间和精力。

当学习和学生相关时，他们自己就会严格地应用。换句话说，当我们对学生有所了解（即建立联系）后，我们才能发现什么和他们相关。这样，我们才能使课堂和任务变得对学生有意义。当学生的学习变得有意义时，他们的动力更强，更有可能严格地去完成任务。

这也不是说就有一个万能的办法。每个学生都不一样，有的学生对教师所做的努力反应快，有的慢，有的甚至根本不反应。但是努力不会白白付出，学生会记住关心他的老师，会记住对他期望很高的老师。你在工作中可能还看不出成效，但是学生的人生会发生改变。不要放弃那些放弃学习的学生，不断尝试去接触他们。也许有一天，教师会接到当时最让人头疼的学生打来的电话，他会说："谢谢老师！"

反省时刻

你现在的学生里有不愿意学习的吗？造成这种问题的原因可能是什么？你该如何发现深层的原因？有什么办法能克服这个问题？

面临不会学习的学生

教师把课堂任务布置下去，大多数学生都开始行动起来。巡视教室发现几乎每个人都在努力地完成任务，但是有个学生面前的纸空空的，脸上也是郁闷的表情。

问："怎么了？需要帮助吗？"

答："我不会做。"

这个时候，也许会想他是不会呢还是不愿意做呢？那么如何来分辨这两类学生呢？而且我们如果总是看到这个学生不能完成练习时就会想他到底是真的不会还是不愿意。

这种情况下，老师要做的第一件事是查查这名学生是否有个别教育计划（即为残障儿童及青少年提供的免费早期介入服务以及特殊教育）。如果有，那么老师就会知道这样的学生在普通的课堂里也想获得成功。可能也需要和特殊教育的老师或部门谈谈，看看他们有什么方法来面对这样有特殊要求的学生。如果这名学生不是有特殊需要，那么老师就要探寻学生的能力和实际表现中的差距，这通常表明学生真的需要老师额外的帮助来完成任务。

当我们面临真的不会学的学生时，老师有责任帮助他们，可以做以下的事情。

◎ 和特殊教育协调员或者部门的领导谈谈，问问他们能否派人观察这名学生，确认观察到的情况。

◎ 和同年级的其他老师谈谈，看看他们是否也观察到同样的问题。

◎ 一旦确认了自己的观察，那么就要开始对学生进行特殊教育，可能需要做很多文字工作来帮助学生发挥出自己的潜力。

◎ 这个特殊教育的过程会很长，所以教师可能需要特殊教育部门的建议来帮助这名学生。比如在课堂上还可以采用其他什么活动来衡量学生是否掌握了所学内容呢？像上面的那名学生，我们就让他考试时先口头回答问题，把答案录下来后再让他听写。

◎ 记录下所有用过的方法，表明哪些有用哪些没用，这会在你以后面临同样情况时很有帮助。

反省时刻

你如何分辨不会学的学生和不愿意学的学生呢？

面临有特殊需要的学生

有特殊需要的学生通常也是最难激励的学生，主要包括特殊教育和不同语言的学生。作为老师，我们知道不论学生资质如何我们都要教会他们，但是我们也知道有的学生真的很难教。这一部分将会告诉你一些方法帮助你面对能力不同的学生。

特殊教育的学生

老师要记住以下几点：

◎ 要将他们与其他学生同等对待。

◎ 让他们和班里有耐心、乐于助人的学生组队。

◎ 阅读个别教育计划，如果有不明白的地方，咨询特殊教育的老师，问清楚学生的真实需求，多问问永远不会有坏处。

◎ 拿到特殊教育的教材，一些个别教育计划有这样的要求，特殊教育的老师知道在哪儿能找到这些教材。

◎ 在对特殊教育的学生测验前需要修改试卷。其实把卷子上不必要的删掉或者需要他们做的重点标出来并不会占用很多时间。不要站在学生的旁边当着他们的面去修改，他们这样等着会觉得非常尴尬。

◎ 其他学生嘲笑特殊教育的学生时，老师要严厉批评。

◎ 每天都和这些学生一起朗读，哪怕只有几分钟，这也会让他们感觉到自己值得老师的关注。

◎ 不要发脾气，即使发脾气了也要道歉，学生能够理解谁都有心情不好的时候。

◎ 一定要有耐心。

◎ 发现这样的学生对什么感兴趣，投其所好。

◎ 为这类学生准备一些其他解释概念或讲课的方式。

◎ 有的学生需要活动着学习。让这样好动的学生坐在后排，允许他们稍微地活动，只要不打扰其他同学就行。

◎ 发现他们如何学习，老师灵活对待。比如，如果学生需要一边画画一边听讲，那么就允许他画。

◎ 如果觉得不适应不停地修改试卷和学习任务，那么也可以选择让学生换年级，这种方式能够让学生的年级反映出他真实的能力。

◎ 相信自己的直觉。

◎ 不要感到气馁。知道学生需要帮助，但是自己却没有能力做到上面的要求确实很难受，但是尽力而为。

◎ 仔细寻找那些需要帮助的学生。当然并不是所有人都需要特殊的教育，所以老师首先要排除那些只是上课不认真听讲的学生。

◎ 对课堂上有问题的学生做记录。

◎ 要记住，家长对于自己的孩子接受特殊教育并不总是感到高兴，很多时候他们会觉得老师只是认为自己的孩子笨，要让他们知道你是在努力帮助他们的孩子在课堂上有出色的表现。

患有注意力缺乏症或多动症的学生

课堂里可能会有一些上课难以集中精力的学生，这可能是因为他们患有注意力缺乏症或多动症。你可能会误以为只有上课表现不好的学生才有这样问题，其实有很多表现不错的学生也经受着这种问题的折磨。和其他精神疾病一样，这两种疾病的症状表现程度也不一样。有的学生能够自己处理好，不需要药物帮助，有的学生就需要药物帮助他们在学校里能够平静地集中精力学习。有的学生上课一直安静地坐着，看起来就是好学生，但是一到考试就不会。这些学生只是上课开小差，不给老师添麻烦，不打乱课堂纪律，但是他们同样需要老的帮助他们学习，还有一些学生需要一直吃药才能保持正常的行为。

面对这样的学生，教师也许会感到非常沮丧，但是他们和那些特殊教育的孩子一样需要耐心和理解。可能会误以为这样的学生不够努力，其实他们只是成天地做着白日梦，不愿意集中精力。

有天赋的学生

那些具有天赋甚至被称为天才的学生也是一个挑战，这类学生和学习上有困难的学生一样需要老师在讲课时有所调整。不同的是，他们需要更多快速提高的机会以及更高级别的活动。因为他们的天赋，许多老师错误地认为他们就应该比别人表现更好更成熟。但是，他们的敏感会让他们常常感到不知所措，结果是时不时地哭泣或者愤怒。当然，学生表现的程度不一样，老师需要通过观察来确定具体行为和需求。

当面临这类学生时，老师可以：

◎ 当他们更正或补充内容时不要觉得受到了侵犯。

◎ 如果他们知道得更多，赞扬他们，鼓励他们和其他同学分享。

◎ 不要只是给他们布置更多的任务，多并不一定更好。

◎ 给学生机会把所学的知识和技能应用于实际问题的解决。

◎ 给他们更深层次学习的机会，并且和其他学生分享。

◎ 不要在其他学生还在努力理解你所讲内容时，强迫他们无聊地坐着听讲。

◎ 一定让学生展示自己对知识的掌握。

◎ 在带领其他学生学习的时候，一定要有任务或活动给那些具有天赋的学生，可以是一些挑战性的问题，也可以让他们往前预习。

◎ 一定要保证这样的学生按时上课。

结 语

学生的学习动力越强，他们学到的东西越多。当学生能够积极融入课堂时，他们的脑子就会像海绵一样不断地吸收和储存新知识。如果你的课堂活动有趣而且和所学内容联系紧密，那么这样的情况就很容易实现。而且，许多活动能够让有特殊需要的学生感觉到成功并且享受学习的过程。如果你能够在课堂上运用本章提到的各种活动，那么计划一堂能激发学习动力的课就不是什么难事了。

第 9 章

与家长的伙伴关系

发展与家长的良好关系能够帮助我们点燃学生课堂学习的热情。家长对孩子生活的影响是最大的，无论是正面的，还是负面的，因此我们确实需要他们积极参与到孩子们的学校生活中来。我们需要与他们建立良好的伙伴关系，来支持孩子们的各种活动。

要了解最好从什么时候开始和以何种方式与家长建立良好的伙伴关系，对我们来说有点困难。每次与家长们进行交流时，我们许多老师都会感到缺乏安全感或者有些别扭，以至于试图尽量少地与他们接触，并且之后马上离开。然而，这种态度最终会危害到学生的发展。

我们必须记住，家长是孩子的第一位老师。孩子到了上学的年龄，家长便把大部分教与学的责任寄予在老师身上。因此，本质上，我们相当于“代家长”，扮演着学校中孩子们父母的角色。正因如此，与家长们建立伙伴关系变得非常重要。

伙伴关系

《韦伯斯特字典》给“伙伴”下的定义是：为了同样的目标而共事的两个或更多的人。由此可以得出，我们需要老师与家长的共同参与，任何一方都无法单独完成需要做的事，我们必须同心协力完成教育孩子的目标。

学生也应该成为伙伴关系中的一分子。我们把这种关系比作三角凳，每条凳腿只有长短相同才能很好地工作。如果有一条凳腿与其他两条长度不同，凳子就会失去平衡。这正如学生、老师和家长的关系一样，为了使学生获得成功，其中的每部分都必须合拍，我们必须汲取同样的知识，有同样的参与度和同样的责任感。

如果家长的参与度不高，或者过多地进行参与，并替学生与老师做各种的决定，那么这种伙伴关系会失去平衡，并将最终为孩子带来麻烦。如果老师不努力使家长参与其中，而是在不了解孩子家庭环境的情况下做出各种决定，那么这些决定很可能并不实用，而且对学生的身心发展不利。同样，如果学生不主动承担起学习的责任，当失败了把原因归结到老师与父母的身上，这是过分依赖他人并缺乏责任心的表现，必将严重地影响学生未来的发展。

为何需要家长的参与

家长不仅是最懂孩子的人，而且对孩子的身心发展负有最终的责任。法律要求他们送孩子到学校进行教育并不意味着他们可以推卸自己教育孩子的责任。我们请家长参与到孩子生活的方方面面，包括孩子的学校生活，这对于孩子是非常重要的。

家长担负的这项根本义务使作为教育者的我们有责任使家长参与其中。这不仅对孩子有好处，对于我们来说也是十分有益的。一项与家庭和校园有关的、由富勒和奥尔森（2007）共同取证完成的题为“与家长、家庭和谐共处”的最新研究表明，家庭对孩子生活的参与度会对孩子的学业和行为方式产生极其深远的影响。相比较而言，拥有积极参与学校生活的父母的孩子具有更好的适应性，并更有可能获得成功。

这些研究起始于20世纪60年代的名为“起点”的项目，这个项目的建立旨在帮助家庭贫困的学前儿童。在进行过广泛的评估后，研究证实，那些有家长与孩子共同参与，并且和老师逐渐建立沟通联系的项目，才是效果最好的项目。近几十年来的研究普遍认为，请家长参与到教学中有很多好处。

◎ 学生会为达到更高的学业水平而努力，比如：

· 得到更高的分数

· 完成丰富的课堂任务

· 加入提高班的学习

· 为自己设定长远目标

· 参加课外活动加强学习

◎ 学生会避开产生负面行为的倾向，例如：

· 吸食毒品

· 加入犯罪团伙

· 欺凌其他学生

· 易屈服于同龄施予的压力而改变自我

· 犯罪

· 扰乱课堂

◎ 学生参与学校和社区生活的积极性更高，例如：

· 俱乐部

· 体育

· 音乐

· 社区服务

◎ 老师能得到更多来自家长的支持与认可，家长也会对老师的敬业精神与教学能力产生新的认同。

◎ 学校能够得到更多来自家长的各种资源。

影响积极的伙伴关系的障碍

虽然家长的参与对学生的影响显而易见，但是老师与家长仍然会遇到一些障碍和态度问题，使他们难以成为真正的搭档，例如：

◎ 因缺乏家庭资源而无法完成学校要求的活动与项目。一些家庭会因为经济条件不好或者没有足够的时间而无法参与到教学中。

◎ 缺乏来自老师的信息。如果老师不主动告知家长有关课堂与学校的事情，必然会导致家长缺乏参与性。大多数家长都没有足够的时间去主动向老师寻求信息，因此老师必须花点力气完成这项工作。如果老师在这方面不做出任何努力，那么家长们会认为，没有消息就是好消息。然而，很多情况下，事实并不是这样。

◎ 来自老师的恐惧。很多时候，新老师们会觉得开展与家长们之间的交流是件困难的事情。这种恐惧会阻碍与家长的良性伙伴关系，使双方都觉得失望。

◎ 来自家长的恐惧。有时家长参与学校生活前会感到焦虑不安，这也许与他们学生时代与老师交往的不好的经历有关。

◎ 缺乏学校各方面的支持。如果老师和家长们在学校中感到不受欢迎或者不被支持，他们会抑制彼此间的交流。学校管理者应该多多鼓励老师与家长的自由交往，这是非常重要的。

◎ 老师对学生家庭生活的主观臆断。如果老师自认为每个学生每天都会接触电视报纸这类的东西，那么一些家长和学生会觉得老师对他们感到不满。这样他们就不会与老师主动交流自己的情况，因为他们觉得难为情。结果是，最终老师会对他们产生不友好和冷漠的印象。

反省时刻

你在与家长交流并建立伙伴关系上用什么方式或者遵照什么原则？为什么？

影响家长参与沟通的因素

要想建立两人之间平等的共事关系，一定要有一定程度的相互理解，这种理解来源于了解对方背景、态度以及和与他人的关系。只有更好地理解我们的家长，才能与他们一起实现孩子学业上的成功。同样的，只有家长们理解我们的教学理念与策略，尤其了解并理解我们本人，他们才会增加对我们的信任。做到了这些，家长们才能与我们合作，并成为平等的伙伴，而非无声的伙伴。

作为老师，我们需要应对具有不同特征的家庭，这些特征决定了家长的态度，并在许多情况下也决定了我们的态度。每个家庭都有可见的与不可见的特征，其中包括只属于他们的独特的家庭传统，这些传统很可能造成老师与家长之间的沟通困难。因此，面对家长时，我们需要把会影响到每个家庭和个人行为方式的特征考虑进来。

以下是一些对家庭与家长产生影响的因素。

◎ 资源的可利用度

◎ 家长教育风格

◎ 家长对学校的信念

◎ 家庭结构

◎ 文化背景

资源的可利用度

我们遇到的每个家庭都有其各自不同的经济水平和可支配的时间，这些决定了他们对孩子的支持程度和对学校生活的参与度。有些家庭经济水平很低，生存问题仍然是影响家庭生活的重要问题。有些家庭经济水平很高，但家长却抽不出时间参与学校生活。了解各个家庭的经济与时间状况有助于你更好地理解家长的态度。

家庭教育风格

每个家庭都有自己的一套价值体系，这决定着家长管理孩子和与孩子沟通的方式。鲍姆林德在文章《遗传心理学专论》（1967）中总结出三种家庭教育风格：专制的、权威的、放任的。

◎ 专制的教育风格。家长具有绝对的控制权，用惩罚的方式改善不良行为。

◎ 权威的教育风格。家长能在设定限制与给予自由两方面很好地进行平衡。他们要求孩子对自己的行为负责，但是更重视对孩子的良好行为进行鼓励与肯定。

◎ 放任的教育风格。家长基本不约束孩子的行为，不设定任何限制，孩子经常要自己对自己的行为负责。

我们在课堂上的管理风格要基于以上的教育风格。如果彼此的风格相冲突，相互的交流就会出现问题。

尽管如此，我们必须承认家长有权以他们自己的价值观来教育孩子，即便我们对此并不认同。我们无权干涉，但我们可以为他们提供建议和积极的策略，帮助与鼓励他们。如果孩子们在家庭教育中受到伤害，我们可以采取措施对孩子进行保护。但是，我们必须记住，无论怎样，我们并不能代替他们的父母。这有时可能会使我们左右为难，然而对各个家庭的教育风格有个较好的理解，会帮助我们更好地理解每一位家长。

家长对学校的信念

教师接触的每位家长都曾有过学校生活的经历，这些经历都会对他们以后的生活产生或正面或负面的影响。这些经历会影响到他们对学校的看法，由此影响到教师与他们之间的关系。会碰到各式各样的家长，他们中有些怀有不安、缺乏安全感，有些易怒，有些积极乐观，有些经常给予支持和鼓励。这有一条建议，无论家长对学校和教师的态度怎样，教师始终都要保持积极乐观并适时给予帮助。当我们总是以积极的方式与他人相处，我们就能战胜最大的困难，那些感到不安与易怒的家长也会渐渐地对教师和学校产生信任，那些态度积极的家长也会对你更加有信心并继续对孩子和学校表示支持。

家庭结构

社会给家庭贴上了一个笼统的标签，认为家庭结构一般由一个母亲、一个父亲、两个孩子和一到两个宠物组成。但是，通常并不只是这样。社会中有很多不同的家庭类型，这些不同的结构会对学生个体产生影响。由于你需要与不同的家庭打交道，因此收集每个学生的家庭信息尤为重要，这将对你与学生和家长的交流大有益处。

传统家庭

大多数老师认为他们的学生来自一位母亲、一位父亲和几个孩子组成的家庭。做出这样的判断和假设要极其小心，因为事实可能并不是这样。

离异或单亲家庭

这种家庭由一位母亲或父亲和一个或多个孩子组成。这样的家庭，除了要面对时间和精力有限的问题以外，还有因与伴侣离异或伴侣离世而带来的情感上的创伤。这样的家庭会对孩子的情感产生严重的打击，并进一步影响他们在课堂上的表现。

继父母家庭

这种家庭由两个单亲家庭结合而成。虽然它与传统家庭结构相同，但却更让人担忧。来自两方家庭的孩子会对自己的父母给予另一方的关照而彼此妒忌，而且与不是自己亲生的孩子相处，每个家长都会多少感到别扭。当然，不排除还存在其他一些更复杂的情况。

监护人家庭

在这种家庭中，有一个或几个孩子，他们不是被父母从小养大，而是被另外一个人养大，比如祖父母、阿姨、叔叔、其他监护人或者养父母。这种家庭结构类型众多，了解每一个家庭大致的运作情况对于我们来说非常重要，只有这样，你才能更好地满足他们的需要。

文化背景

我们的学生和他们的家庭来自许多不同的文化背景。了解不同文化的基本习俗与价值观对于我们来说非常重要，我们可以通过向家长们请教或阅读书籍来了解。来自不同文化群体的家庭个体都会受到来自祖先的传统与价值观的不同影响，这些习俗随着国家与地区变化而形态各异。

与不同家庭交往的注意事项

◎ 在决定让没有完成作业的学生不及格时，先想一想这个学生是不是有经济上的困难。不要认为家长一定会为孩子准备好了剪刀、彩笔、纸或者胶水，经济拮据的家长只能提供有限的支持。只有你对家长所付出的努力给予更多的肯定，他们才更愿意为你和他们的孩子做更多的事情。

◎ 不要自认为家长们对孩子的表现满不在乎。一些家长不参加家长会，也许因为他们那时根本赶不到学校。

◎ 尽力邀请家长在有空的时候顺便来课堂上做客，这表示你很愿意配合他们的计划安排。

◎ 为那些工作时间很长或做多份工作的家长安排灵活的会议时间，不然他们会对参加会议感到疲劳与负担过重。在你开始会议之前不妨先做一个好的聆听者。

◎ 以积极主动的态度与易怒的家长合作帮助孩子，能够平静他们的情绪，始终把焦点放在关于孩子健康发展的话题上。

◎ 以对孩子进行正面评价来开始你们之间的对话会使处于戒备状态的家长感到放松。

◎ 与过于专制的家长对话要小心地表达你对他们教育方式的担忧。家长对孩子的惩罚可以有多种形式，不全是用打骂来完成。

◎ 专制的家长会把由于沮丧或难堪而产生的怒气发泄到老师身上。让他们的情绪发泄出来，然后再向他们表示，你真诚地愿意与他们共同解决出现的问题。

◎ 在针对学生做重大的决定之前，先从家长那里寻求信息，有可能这些问题早已在家中得到解决。一定要认真地听取他们的建议。

◎ 如有你的学生在课堂上捣乱或不认真听讲，告知他的家长。你也许会发现在这个学生或他的家庭中发生了严重的变故，使得他的行为和表现受到影响。

◎ 与说不同语言的家长交流，尽量请求翻译的帮助。你的学校会有说这种语言的院系或同事，他们会很愿意帮助你。另外，我们可以借助网络翻译服务来提供文字与表格方面的翻译。对于这些家长来说，语言始终是阻碍他们参与和与你沟通的障碍。

反省时刻

哪种家庭因素对你与家长的沟通或关系影响最大？你用一些什么策略或方式去应对阻碍你们之间积极的交流的障碍？

初次接触

教师可以利用多种方式建立与学生及其家庭之间的交往。像我们前面提到过的，深入到家庭里，从而建立与家长和学生的初次接触是最重要的，这是与家长关系建立的开始。

教师希望之间的关系是单向的还是双向的？希望与他们建立真正的伙伴关系还是只做简单的应酬？谈话的语气与方式会直接表露对家长的态度与期待。与家长最初的接触会对未来几年中的沟通情况定下基调，无论是好的还是不好的，并且我们应该在开学前完成这些。

一般来说，学校会在开学前两天或两星期给每个家庭发放班级名单信息，具体包括班级人数、联系方式和家庭住址等等。一旦拿到这个学期的班级名单，就可以开始与家长的接触与交流。这些最初的接触可以通过各种方式进行，甚至可以在开学之前进行。

◎ 介绍性的明信片或信件

◎ 邮件联系

介绍性的明信片或信件

许多老师在开学前会寄给学生家庭一张明信片或一封简短的信件，这是一种最简单的开启新学期良好开端的方式。教师的欢迎词中应该包括以下内容。

◎ 自我介绍。

◎ 简要说明教育背景与培训经历。

◎ 简要介绍教学经验。

◎ 所教的班级和教室位置。

◎ 表示对即将要见到的学生有极大的兴趣并非常高兴。

◎ 介绍对未来的一学年的设想。

◎ 可以用明信片，折叠卡片，或者彩色信纸把信寄到学生家中。

经验分享

写好你的欢迎信，保存，并用彩色的纸打印。这对于可能班级里人数较多的老师很有帮助。

电话联系

打电话是在新学期表示对学生与家长欢迎的另一种方式，而且不会花太长时间。

打电话时，要先和学生通话。介绍教师自己并介绍所教的年级和课程，告诉学生何时报到并告诉他们自己所在的办公室，然后，就可以与他们的家长或监护人通话了。

向家长介绍。简要介绍自己的教学风格和背景以及教学理念，询问他们有什么问题，并给予解答，鼓励家长积极参与学校活动并适当给予孩子学习上的帮助。

教师也许不能够在开学前电话联系每一个家庭。如果这样，可以在开学后第一个星期里做这件事情。家长需要听到教师的声音并确信有一位胜任的老师在负责孩子的教育。

因为通话是在开学后进行，因此已经对学生有了大致的了解。这为教师提供了一个很好的机会，能够让教师在和家长沟通时给予他们对孩子更具体的评价，并可以在孩子有问题出现的萌芽阶段开始和家长着手解决。你会发现以下的通话样本十分有用。

家长调查反馈表

给每个家庭寄去家长调查反馈表是收集学生信息并了解他们的最好方式，一些老师还喜欢在表里附一份欢迎信。

其他交流沟通小技巧

◎ 建立个人网页，附上照片以便让人更好地了解自己的学业背景和以前的教学经历。

◎ 把个人网页地址附在明信片或欢迎信中，以便让家里有电脑的学生和家长更好地了解你。

◎ 对于建立与管理教学网页，有更加简单的方法（对于电脑技术不太高超的人来说），许多学校支持并向老师提供网站与教学管理系统。

如有学校有这样的系统，好好地利用这个资源，因为用网页呈现信息是一个既重要又快捷方便的方式。

让家长了解情况

为了更好地为孩子提供帮助，家长需要了解孩子在学校的各方面情况，你是他们这方面信息的可信的来源。以下的内容可以帮助你做这件事情。

◎ 表扬卡

◎ 进展报告

◎ 学习日历

◎ 简讯

◎ 博客，网站

表扬卡

可以让学生给家长带回表扬卡。对老师来说，做这件事并不用花很长时间，但对学生和家长来说，这也许会为他们以后的生活带来巨大的改变。学生受到了表扬或奖励会对自己更有信心，家长也会感到高兴并为孩子感到骄傲，同时会对老师为孩子付出的心血与关注表示感激。

给教师的小贴士

表扬卡中可以加入竖大拇指或笑脸这样的图片。在卡片顶端写上“好样的”或“有进步”等字样，也可以把它们写在亮色彩色纸片上。把这些纸片放在屋子里易接触到的地方，这样你可以随手抽出一张来写。

高年级的学生同样也会从中收益，许多公司开始也用这种方式鼓励并激发员工的斗志进而使员工形成对工作的满足感。众所周知，每个人都喜欢被肯定或接受表扬，我们的学生也一样。

进展报告

进展报告可以使家长随时跟进孩子在学校的表现。如今的电子表格让我们能够更方便快捷地做报告，查看工作的进展状况，确定是否可以把没有完成的工作和学生的平均成绩记录到报告中。

如果你没有电子记录怎么办？家长需要及时了解学生在学校的情况。那么做一个普通的表格，把学生的名字写在顶端，拷贝多份，并把它们放在学生的文件夹里。填写核对表需要花费一些时间，但是这可以使家长保持消息灵通。

一些学校开始为家长提供“家庭联系”的服务。这是一项网上服务，家长可以通过上网随时了解孩子在一学年的学习进展情况。只要老师能坚持每周更新信息，家长就可以随时跟进并享有最新信息。但是，这会给老师带来麻烦。如果老师不能及时上传学生每日的信息，家长看不到更新，那他们会感到失望与沮丧。

如果你有这样的问题，那就打印出进展报告，这种方式并不过时。许多家长即使有电脑也不能经常接触网络，其他人也许根本就接触不到网络。因此，在每个学期中期寄出打印出的进展报告给家长仍然是十分有效和重要的。

填写日历

填写日历是老师与家长进行双向交流的好方式，让学生每天填写日历是督促他们对自己的学习和作业负责的方式。这是你教给学生的一项生活技能，因此要有计划有步骤地进行。日历要放到学生文件夹的第一页。

每天要求学生在日历中写下留的作业任务、下节课要准备的任务和其他事情。写日历不能中断，日历在家长会中用处很大，例如：如果家长因为无法了解学校留给孩子的作业任务而不高兴，老师只需问："你有没有检查学习日历？我们所有的任务都写在上面，我每天都会签名。"提醒家长学习日历是帮助他们督促学生做作业和完成其他任务的一个工具，比如做课题或考试。如果日历能够被很好地加以利用，那家长和学生就不会为他们不知道有作业或考试而找借口。

这里有一些怎么利用学习日历的小技巧。

◎ 在上课前或结束一节课之前，给学生留出5分钟时间把学习任务填到日历中。

◎ 要求家长至少一个星期检查一次并在日历上签字，检查家长的签字。

◎ 鼓励家长在日历上写下他们自己的评论，以便和你建立沟通。

◎ 上课前检查日历。一定要读家长的留言，这样你可以及时并恰当地回复他们。

◎ 帮助有特殊需求的学生填日历，找一个人帮他们填入需要的信息。

经验分享

在日历上签字是和学生接触并检查他们是否正确填入学习任务的方式，这也使你有机会阅读家长的留言。这种与家长进行双向交流的方式是值得鼓励的。

简 讯

我们每周都寄给家长关于课堂的简讯。如果工作繁忙，可以两个月或一个月一次。简讯可以让家长了解以下信息。

◎ 课堂活动

◎ 单元学习或学习主题

◎ 后续活动和实地考察

◎ 课题和考试的时间

◎ 学习策略

◎ 建立家庭良好学习气氛的方式

简讯不需要打印出来。教师的个人网站可以记录接下来的课堂活动，并准时更新供家长参阅。你也可以发邮件告诉他们发生的趣闻，如果开通了微博，可以发送最新消息给他们。有很多种方式令课堂保持活力。

可以使用数码相机，把照片放到简讯里，家长们都喜欢看自己孩子的照片。

经验分享

用电脑建立简讯模板，可以供你反复利用。不使用的内容可以删掉，并加入新的内容与信息。

与家长分享你在职工发展项目里学到的东西，使他们了解最新的教学与学习策略，用简单平实的语言向他们介绍你为什么用这些新的教学方法。

给你的校长、副校长、学校顾问和学院年级主任一人一份简讯副本，让他们与你步调一致。

一些家长因为没有好的学习背景而没有掌握好的学习技能，也无法在这方面帮助孩子。作为教育者，我们能够给家长一些建议与方法，但要逐步定期地给予，不要一次给予过多，以至于他们无法消化并付诸实践。

建立良好关系

与家长建立良好关系需要付出时间与努力，因为这是学校生命的血液。尽管有时我们宁愿家长能和我们保持距离，以便让我们独立完成工作，但这样就不能形成与家长的良好关系。我们需要家长的配合，帮助我们更好地教育孩子，并使我们的工作进展顺利。

让家长及时了解学校发生的事情是一种建立和他们之间良好关系的方式。然而，如果没有家长的参与，便不会使良好的关系继续得以发展。我们需要双向的交流，我们需要听到家长的声音，看到他们的表情，因此电话与家长会议是我们所需要的。可问题是，我们经常等到真正出现问题时才会拿起电话或提出见面，其实那时已经太晚了。每到这时，家长都会产生沮丧或不安，他们宁愿把孩子的问题怪到我们身上而不是想着与我们联手一起解决问题。因此，不要等到最后一秒才想到拿起电话。

打电话给家长的小技巧

◎ 提前想好和家长讨论什么。

◎ 自己先想一遍该怎么说，写下一些提纲或笔记，帮你回忆你要说的话并始终围绕话题讲。如果你会提到一些敏感的话题，那么大声说出来，看看听起来是怎样的语气。你应该不愿意刚开始一段对话就不经意间得罪了他们。

◎ 挑选能让你心平气和并放松地与家长进行交流的合适地点和时间。上课两分钟前打电话给家长，无疑会给自己增加压力并使你们之间形成紧张的气氛。

◎ 收集一些信息或记录，提供你打电话给家长的目的，例如分数、行为记录、健康记录、家长的留言、学生工作等等。这些信息都会对讨论有帮助，为每位学生建立一个有关这些信息的文件夹将对你的工作十分有益。

◎ 在谈论其他话题之前，说一些积极的评价。经常告诉家长你们之间应该是一个团队，为孩子的最大利益而努力。告诉家长他们是孩子生命中最重要的人，如果你们能够共同合作，将对孩子的发展十分有益。

◎ 用特定的语言说明你的原因："我需要你的帮助……"或者"让我们一起来解决这个问题……"

◎ 在合适的时候，给家长提供协助管理和帮助孩子的方法。例如："你应该每天晚上检查孩子的学习日历，来督促他们的作业和学习任务的完成。"告诉他们如果不这样做的结果会是怎样："如果你的孩子不_______________，他们会_______________。看一看我们能否一起努力解决这个问题，而让孩子的下一学年不再这么糟糕。"

◎ 挂电话之前，总结一下你们的谈话，并强调一下你们之间达成的共识。用积极的话题结束谈话，谈一些孩子这周表现好的事情。

记得在和家长通完电话后，发给他们一封短信，记录你们之间的谈话结果，强调你们之间定下的解决问题的策略，并对他们为之付出的时间与支持表示感谢。对每位家长的电话谈话做完整的记录，你可以在学生文件夹中加入谈话的记录（参考章节末关于"家长电话记录"

部分），或者保存每位学生的信息索引卡，包括学生名字、家庭地址、出生日期、家长名字和联系方式。在这些信息下面，记录和家长联系的时间和评论。不论何时你准备给家长打电话，只要简单地抽出索引卡就可以。

不要忘记给表现好的学生家长打电话。这些通话通常很快，但对与家长建立良好关系大有帮助。

给教师的小贴士

每周都计划出一些时间给表现好的学生家长打电话，提前写下要打给的学生的名字。

与家长交流

有些时候你会找家长谈话并寻求他们的帮助。你需要把你的担忧与请求用礼貌和坚定的态度告诉他们，让他们知道你确实需要他们的合作，例如：

◎“我很担心你的孩子的状态，我想你也一定注意到了。”

◎“我理解你的感觉，我们怎样一起努力解决这个问题？”

◎“我们一起努力解决这个问题，将会给孩子带来最大的好处。”

◎“你的孩子需要你的帮助。”

◎“我需要你的支持。”

◎“孩子受你的影响最大，你的参与对他的成功很重要。”

◎“孩子不遵守规则与要求，他们应该对自己的行为负责。”

◎“如果现在不解决这个问题，它会变成更严重的问题。”

◎“我需要你在家里更严格地管教孩子。”

◎“我希望你能帮助孩子进步，但是我们需要一起合作完成。”

◎“我们需要面对面地交谈，以找到帮助孩子的最好的方法。我们什么时候可以见一面？”

经验分享

和带有怒气或失望的家长交谈时，最好的方式是让他们在交谈开始时发泄自己的情绪。其间记些笔记，这样当他们讲完后能够对他们的忧虑进行核实。下一步，向他们解释，你也希望他们的孩子好，你的工作就是帮助孩子们在学校表现出色，询问家长是否这也是他们的目标。如果回答是肯定的，告诉他们，“我们的目标是一样的，因此我们应该怎样一起为实现这个目标而努力”。你一定不希望和家长起任何冲突、惹恼他们或以高傲的姿态对待他们，你要让他们清楚你需要他们的帮助和支持。

一些用词永远都不会引起家长良好的反应。试着用一些听起来不会冒犯别人的词语。

消极的言语	**更恰当的言语**
不好的学习习惯	没有发掘出他的潜能
脏/难闻	没有进行卫生清洗
不负责任	要学习做出更好的选择
浪费时间	应该学会聪明地利用时间
粗鲁或恶意	不考虑别人的感受
懒惰	勇于尝试就能做到更多，没有挖掘出潜质
总捣乱	干扰课堂秩序
考试作弊	依赖他人完成自己的任务

邋遢	应该努力变得干净
自私	不喜欢分享
偷东西	没有经过允许拿别人的东西
固执	坚持自己的方式
不合作	和他人一起做事有困难

在用一些刺耳的话语评价之前，再认真考虑一下表达，用另一种令人愉快的方式表述。记住，这样做不仅是在努力帮助学生，还在代表着学校与社区的形象，教师必须在和家长或其他社区人员的谈话中表现出职业的特质。

班上的每一位孩子都是其家长的骄傲，善用外交语对与家长建立积极的关系大有益处。

反省时刻

你怎样评价你与家长的交往？家长们怎么评价你与他们的交往？你怎样提高你与家长之间的双向交流？

家长与老师之间的会议

许多家长和老师都对参加家长会有些不安，这就是为什么很多家长从来没有在定期举办的家长会上现过身。

家长会经常感到不安并对见孩子的老师怀有很复杂的感受。他们想给老师留下好的印象，使老师们感到高兴，但同时他们也希望表达自己的一些担忧与焦虑。许多家长发现很难说出他们想说的话，而另一些家长却十分戒备并表现傲慢。不论遇见的家长是什么类型，时刻记住开家长会的目的是与家长发展伙伴关系，并把孩子的利益与学习放在最重要的地方。要让家长知道，目的仅仅是和他们建立友好积极的关系，并使孩子受益。记住，每个家庭都有其各自的特别之处，用积极的态度参加会议，并怀有让步的意愿。

会议的准备工作

提前想好会议的目的，对将要讨论的话题做一个简单的笔记。大致了解各个家庭的情况，避免有让人不舒服的话题或说错话。

收集一些有关学生的信息，比如成绩、作业、行为记录、迟到记录、旷课记录以及健康记录。教师应该准备一个包含这些信息的文件夹，但不要把所有的信息都带上，只需挑一些对会议有用的信息。在家长来之前整理好这些资料，确定家长知道开会的地点。

为家长准备一个计划或会议议程，了解会议的内容可以减轻家长的压力。你和家长都可以在议程上做记录，并记下你们商量好的任何计划。

会议成功的窍门

1. 站起来和进来的家长笑着打招呼。对前来参加的家长表示感谢，并以愉快放松的神态和他们说话。尽量使他们感到自在，感到受欢迎。

2. 询问家庭情况，给他们几分钟时间告诉你他们这几天的生活。这可以给他们提供向你释放情绪的出口，并能够使你更多地了解他们的生活。

3. 以积极地语言评价他们的孩子，例如“鲍勃是我们班的开心果，他天生就是一个喜剧演员”。

4. 与他们分享对孩子的评价。询问家长对孩子的评价，并与自己的评价相比较。

5. 询问家长对孩子的行为，学习以及分数有什么感想，理解家长的态度会帮助教师更好地理解学生的行为。

6. 聆听家长的话语，并及时给予反馈，不要主动掌控你们之间的讨论。

7. 不要打断家长的说话。如果打断他们的话，会让他们产生戒备，等他们说完了你再开始说。

8. 和家长讨论是能够帮助孩子进步的方法。

9. 用平时记录的信息来帮助表达教师的担忧。如果孩子在学习中有问题，让家长看孩子的一些学习记录。不要做总结性的话语，只要陈述事实即可。

制订行为计划

给家长与学生准备一份行为计划或许有用，和学生一起讨论并完成这一计划的制订，你和学生以及家长可以对计划目标和完成计划的奖励一起出主意。

另一个方法是，收集学生对自己行为和计划进展的看法。让学生对前一段学习中的表现做书面评估，让学生写下他们对自己学业表现的感受和他们怎样评价自己的行为。

记住，行为计划只是一种改善学生行为的方式，目的并不是要对他们的行为进行谴责与惩罚。如果家长和学生一起参与制订计划，这样就会督促他们按计划执行。

对表现好或有进步的学生要进行及时的表扬和奖励，同时也要鼓励家长在家中同时执行计划。如果学生意识到，他们不仅要在学校还要在家中对自己的行为负责任，那么不久就会看到他们有明显的行为改善。

一些学生永远都不需要家长会的监督，因为他们在学校表现得非常好。这是否意味着教师可以不用联系他们的家长？当然不是。和这些好学生的家长建立联系很有好处，这可以给学生带来动力，并得到家长的支持。

年级会议

学校也许会要求教师与所有的家长进行一次年级或小组会议，这是家长了解有关本年级或本部门政策、课堂进度以及老师对学生期待的很好的机会。这是专门为家长组织的会议，比家长招待会更正式。

准备好提纲，可以是你要讲的话题的提纲。提纲会帮你整理自己的思路，并避免家长讨论无关的话题。另一个保持大家讨论一致的办法是让家长了解提纲的内容，这样所有人都会清楚你们要讨论的话题。

例子：年级会议议程

1. 欢迎词与介绍词

2. 规章制度

a 奖励制度　　b 请假制度

3. 实地考察

a 天文馆　　b 交响乐团

4. 日程安排

a 每日活动　　b 数学　　c 英语/文科语言

d 科学　　e 历史

5. 组织

a 程序——作业，学习日历　　b 学生作业文件夹

6. 学习等级

a 等级类型　　b 进展报告　　c 作业缺失

7. 志愿者

a 实地考察　　b 宿舍长　　c 供应员

让家长明白教师对孩子的期望与要求，这很重要。例如，对他们说："我要求所有的学生努力并很好地完成作业，如果我发现学生作业完成得不好就不会给他分数。即使他补交上来完成得很好的作业，也会被贴上迟交作业的标记。"

这种会议也是鼓励家长志愿做客座演讲人、课堂监督、助教以及参与其他课堂活动的好场所。制作一个家长信息采集本，当需要帮助时可以用得到。好好利用章节末附的家长信息表，拷贝多份发给每一个家庭。让家长在会议上填好表格，离开时交给你。用一个活页本把表格按字母分类夹在里面或与你的课堂日程放在一起，如果你教不同的课程，用分类标签整理这些信息。

反省时刻

你用什么方式与家长建立联系？你怎样向家长和学生介绍自己？你与家长交流时用什么态度和语气？这学期你会在哪些方面努力提高与家长的沟通能力？

中学教师与学生会议

通常中学以小组形式组织活动，并用小组计划的时间组织家长会。学生和家长对会议步骤评价良好，会议议程也同样适用于学生会议。让教学顾问或其他小组成员做开会记录会对你有帮助，记下积极的反馈、家长的担忧和制定的任何计划。会议结束前给家长一人一份记录，这能够让家长认识到自己应负的责任，并提供了会议讨论内容的记录。

对于高年级学生来说，参加家长会对他们十分重要。这有助于建立他们的自尊心，并积极地改善自己的行为。仅与家长开的家长会，对高年级学生行为的改善作用不大。在学生参加家长会之前，告知家长并确定他们同意在讨论问题时有孩子的参加。

结　语

家长的参与对学生的成功尤为重要。研究表明，拥有积极参与学校生活的家长，孩子在学校的成绩更好。他们出现行为问题的可能性更小，并更积极地参与学校活动。与家长建立积极地合作伙伴关系十分重要，当然，如果不付出时间和努力，这是不可能做到的。

一定要在开学的第一周开始联系家长，并且整个学期定期给家长打电话，询问家长的建议，毕竟他们比你更了解自己的孩子。让家长随时了解孩子在学校的情况，定期邀请家长志愿为学生阅读、参加学生小组的活动或者做客座演讲人。无论用什么途径，一定要和家长随时保持沟通，共同协助学生取得学业上的成功。

附表1 家长反馈表调查问卷样本

孩子姓名____________________

家长或监护人姓名____________________

家长邮箱____________________

家长传真号____________________

可否把通知传真到这个号上____________________

学生邮箱____________________

两位家长白天和晚间的联系方式____________________

学生的兴趣爱好（体育，爱好）____________________

学生对哪些东西过敏____________________

学生最近思考的问题____________________

学生的特殊需求（学业上的和医疗上的）____________________

留言或评价____________________

这一年你对孩子的期望和目标____________________

孩子的动力是什么____________________

特殊的家庭环境____________________

你有什么能够对学校或课堂有帮助的专长____________________

选出你愿意做的志愿活动：

图书馆	实地考察	客座演讲者	班级聚会
俱乐部	嘉年华会	学生社团	餐厅
为学生阅读	辅导	监察学校活动	

附表2　家长信息表

学生姓名________________

母亲姓名________________

职业________________

工作电话________________

家庭电话________________

邮箱________________

特殊才能/兴趣________________

____

你愿意今年为班级提供怎样的帮助？

辅导	实地考察	可做演说人
读书	班级活动	其他

父亲姓名________________

职业________________

工作电话________________

家庭电话________________

邮箱________________

特殊才能/兴趣________________

____

你愿意今年为班级提供怎样的帮助？

辅导	实地考察	可做演说人
读书	班级活动	其他

附表3 期中活动报告

学生姓名______________________________

以下是你的孩子期中成绩：

阅读__________ 语言__________ 文科__________

数学__________ 科学__________ 体育__________

社会学习________ 外语__________ 行为__________

担心的问题：

□作业分数低

□没有完成作业

□作业完成的不好/学习习惯不好

□课堂注意力不集中

□没有及时补上对落下的功课

评价：

- -

我已经了解我的孩子的期中成绩。

学生______________ 日期______________

家长______________ 日期______________

附表4　每周活动报告

学生姓名____________________　　日期______________________

学习习惯	超出预期	达到预期	有待提高
评语			
按时完成作业			
听从老师指导			
合理利用时间			
积极参加活动/讨论			
认真细致完成任务			
独立完成任务			
行为			
遵守学校/班级规章制度			
尊敬师长			
关心同学			
爱护学校设施			
自律能力强			
学业			
阅读			
写作			
社会学习			
数学			
科学			
课外活动			

缺失的作业____

家长签字____________________　　日期____________________

如有任何问题，请马上联系我：______________________________

附表5 家长电话记录

学生姓名______________________________

会话日期______________________________

主　　题______________________________

家长姓名______________________________

家庭电话______________________________

工作电话______________________________

会话目的:

讨论内容:

行动计划:

附表6　家长交流

日期:______________________________

主题:______________________________

今天______________________________，

☐上课迟到

☐没带铅笔/钢笔

☐没带笔记本

☐没带书

☐没写作业

☐其他

这已经是第二次出现这个问题了，如果问题再次出现，我会打电话联系您。

请在这张表上签字，明天交回学校。谢谢您的合作。

家长签字：______________________________

附表7 学生会议通知单

日 期________________

尊敬的________________

特此通知您，我和老师已经就一些问题进行了谈话，我们认为我需要对以下打钩的方面进行改进。如果我在这些方面有所改进，这次您将不必参加家长会。

□态度不好

□尊重其他同学

□尊敬长辈

□知道什么时候该说话什么时候该聆听

□在座位上坐好

□楼道行为

□卫生间行为

□老师与来访者交谈时的礼貌行为

□食堂的良好行为

□遵守食堂秩序

□按时交作业

□良好的运动精神 □体育活动 □课堂表现

请签字以表示我们已经讨论过这些问题。表格会收进课堂文件夹中。

学生________________

老师________________

家长________________

第 10 章

教师的专业素质

教师是一项高尚的职业，对整个社会具有举足轻重的作用。在塑造年轻人的思想方面，作为教师，我们指导他们学习并影响着他们的人生。因此，在学校和整个社会塑造积极的模范形象，对我们来说至关重要。周围人从我们身上获取的东西关系着我们的形象：要么是专业的教师，要么是值得尊敬的保姆。

如果我们努力表现我们的专业教师素质，那么就会对社会如何认知教师这一问题产生影响。

作为一名职业教师需要如下几点素质。

◎ 奉献出更多的业余时间和努力。

◎ 专业的仪容和语言举止。

◎ 积极的人际交往技能。

◎ 与其他教育者竭诚合作。

◎ 指导他人。

◎ 不断反省。

◎ 持续的职业教育。

◎ 知识渊博，教学方式灵活。

设计本章是将其作为一项指导或是进修的课程，主要内容是如何每天保持教师的职业性。

许多技巧和观点都是一般性知识，但是我们在很多情形下，当教师当久了反而会忘了一些基本的东西。

献身精神

尽管上完一天的课，我们可能会感到非常疲惫，但是我们必须记住，只要学生还没有离校，我们的工作就没有结束。众所周知，在课外的时间组织和管理班级、备课、与家长建立良好的关系、与班级任课教师合作、参加职业发展课程，这些都是非常花时间的。我们有很沉重的负担：我们的任务是教育未来的领导者。只要记住一点：那些商业专家必须工作到很晚，并且需要不断地参加培训课程。这些额外付出的努力可以使我们实现的目标——被认为是专业的教师。献身精神意味着：

◎ 参加会议。

◎ 参加学校活动。

◎ 课外辅导学生。

◎ 放学后及时备课。

◎ 参加委员会。

◎ 给家长打电话。

保持职业的仪容和举止

所谓专业，还包括特定的仪容和语言举止。想一想世界上其他的专业人士，他们的衣着一般都很得体，并且使用符合其职业的语言。

当我们咨询医生或者律师时，我们希望他们的语言和穿着符合其特定的阶层。如果他们没有按照我们的设想说话、穿衣，你是否还会对对方的能力感到放心？同样道理，整个社会也是这样来看待教师的。

衣 着

> 请记住：你做的每一件事都会反映出你的职业性。

私立或特殊领域的教师，一半的时间都站在地上，所以他们必须穿着务实的服装，而不是三件套式的商务装。如果穿宽松衬衫肥腿裤，留给学生、家长以及其他当地社会成员的形象会是怎么样的呢？这就是我们显示自己专业性时应该考虑的事情。

语言举止

和学生、家长、其他教育者交流所使用的语言，可以帮助我们完善我们的专业形象。讲话时多留意，关注对方对你说话水平的反应。在你准备说一些事情之前，好好策划一下你的讲话，这将帮助你避免犯严重的交际错误。

举止也是你塑造形象的方式，良好的行为、姿态都显示着你是否专业。以下是如何保持专业语言举止的一些小技巧。

◎ 不要使用俚语。

◎ 注意自己的身体语言和面部表情。

◎ 有策略地处理与其他同事、学生、家长的关系。

人际交往能力

我们与其他人的关系是好还是坏，取决于我们的人际交往能力。

以下技巧可以会帮助你维持和同事的良好关系。

◎ 对学校所有员工表示尊重，包括办公室工作人员、维修人员和助教。

◎ 了解新教师的热情，乐于尝试新鲜事物，即使你对其并不认同。

◎ 当引入一些创新型的方法时，做好相关的背景阅读和研究来支持你。

> 试图融入某一种情况，谦卑随和的语气比冲撞的口气更加有效。

◎ 关怀他人。

◎ 当使用学校资源，进行校外旅行考察或举行集会时，要通知其他教职员工。

◎ 在领取供给或使用资源时一定先询问。

◎ 不要做假设。

◎ 与他人一起工作时，提建议或提出想法要有策略。

比如，如果另一个教师带领备课，而你想提出自己的观点，你应该说："你认为……怎么样？"

"你是不是一个具有人类本性的学生？"如果你是一名教师或者准备成为一名教师，那么你对于这个问题的回答应该是坚定的"是"。教学不仅仅是将知识和信息从一代传递给下一代的行为，而且关乎人与人之间的理解和交往。当你被备课、改卷子、批作业、开会和教师进修等缠身，你很难记住每天和你打交道的是一群人。不管你教的是幼儿、青

反省时刻

你是不是感到自己被别人认为是专业教师？为什么是或为什么不是？你是否有一些方法能够让别人将你看成是专业教师？

少年，还是成年人，他们本质上都是人，而且会像人类一样表现和反应。

所以你如何更好地理解你现在正在教的这群人并与他们互动，那就成为一个具有人类本性的学生。这就意味着你从这些行为中解脱出来并开始问“为什么”，为什么这位学生每天到我的课堂时那么生气？是不是我的原因？是不是学校的原因？是不是他的父母或者朋友的原因？是不是校外发生了一些事情？明白了这些问题的答案，你与学生的互动就会建立在事实的基础之上了。

为什么这个家长总是出现在我面前？是不是我对他的孩子做了什么或者少做了什么？是不是基于上任教师的理解而对我产生了误解？是不是以前遭到了学校或其他学校的不公正对待？他是不是真的只是想鼓励孩子或者这是一种控制？

当我们从私人的角度考虑学生、家长、同事的言语和行为时，我们做出反应就能像所说的话或所做的事都是我们自己的关切一样。当我们跳出来问问题，与他人交流，我们就能更好地理解对方。有了更好的相互理解，不管什么事情，解决起来都会容易得多。

这种彼此理解还可以通过公正地看待事情的各个方面来获得。作为人类，我们很容易只从自己的立场关注整个事情而看不到他人的立场，这就是人类的本性。花一点时间站到他人的立场考虑问题，然后问问你自己，你的反应和感觉会是怎么样的。这里的“他人”包括了坐在你的课堂上的学生和与你进行交流的家长。越能理解他人，你就越能以一种积极的态度与之互动。

把自己当做一个具备人类本性的学生，当有一点时间的时候，关注一下学生之间的互动，关注一下你的主管和教职员工的互动，关注一下你同事之间的互动，特别是要留意自己与他人之间的互动，然后花点时间考虑一下以上所有的互动。她为什么那样说？他为什么那样反应？如果你发生了那样的事情,你会有什么样的感觉？会做何反应？为什么？你看到什么方式没有？这些方式是怎样发展的？它们如何影响人们之间现在和未来的交流？

通过收集和运用信息，你可以决定你想与他人进行何种交流，无论对方是学生还是成年人，并根据情况修饰你的措辞和行为。如果不问这些问题或者不是一个具有人性的学生，你的互动行为可能就一直是出于直觉而不是经过深思熟虑的。

理解人们是如何思考的可以使你的互动行为更加积极。你越观察反思并孜孜以求，你就越能获得理解。你越理解他人，你就越容易和你的学生、学生家长以及同事互动。永远记住：一个具备人类本性的学生首先希望的是理解，然后才能做出反应。

通力合作

作为学校这个集体的一部分，你正在与其他的专业人士一起工作。合作非常重要，不仅仅因为它使工作变得简单，也因为它能给学生带来好处。不管是和其他有经验的教师一起当辅导教师，或者专门领域的培训师，又或者是办公室人员，如果大家都能够参与到思想和资源的分享中来，那么对大家都是大有裨益的。

参加学校的活动以显示支持

成为学校集体的一部分意味着关注学校的活动，学生和家长都想看到你的参与。他们对社区的学校投入了资金，希望获知你是这个集体的一员。另外，学生喜欢你在他们的艺术作品展出、科学展览会、运动会、狂欢会及其他的活动时出现。

参加垂直式备课团队

许多学校都引入了垂直式备课团队来建立每一年的连续性。比如，他们让二年级、三年级的教师一起确定学生进度的基准（就是每学期学生需要掌握哪些能力）。

如果教师在不同课程领域方面采用一致的术语，那么对学生也是非常有帮助的。举个例子，学生从幼儿园就开始被灌输“打草稿”这个术语，因为这可以帮助他们思考和组织思想，这个术语在他们的整个学习阶段一直都被使用。

同样，一定要讨论课程进度和能力，如标题怎么写，检查邮箱，在每一个年级需要使用钢笔还是铅笔，这能够帮助下一个年级的教师明白学生已经具备了哪些能力以及学习的相关进度。

参加学校的委员会

在委员会中与其他人进行团队合作，能够帮助我们在学校中和其他教师合作并建立同志关系。有时，我们可能感到参加一个委员会就像给自己本来已经负担很重的工作又增加了一个项目，不如换个角度思考，日常工作就像是解开潮湿的鞋带、擦掉眼泪，然后重新定位，我们可以将参加委员会当成是一种解脱。每天你都被小孩或者青少年包围着，而这是一个加入成年人团队的机会。

与专业领域的教师和助教合作

备课的时候，一定要有专业领域教师的参与，如美术、音乐、心理教育、特殊教育以及英语这些方面。他们对于学生的学习可能是非常重要的，而且能使学生建立起学科之间的联系。另外，这些教师在各自的领域都具备相当的专业知识，可以给你提供帮助、建议和资源。例如，当讲到非洲的时候，在非洲面具那一单元，你可能会请教一位美术教师，而一位音乐教师可以向你提供你正在教授的非洲地区的音乐。

成为一名培训师

当一名培训师，不仅对新任教师有很大的影响，还会影响到整个教学体系。一名培训师，有能力在一年或者更长的时间内通过课程将新的教育者塑造成为一名出色的教师，这就意味着对该教师的所有学生也产生了影响。

这听起来好像是一个非常可怕的任务，但向新任教师提供支持不是所想的那么困难。关键是做每一件事都要一步一步来，不要妄想一口吃个胖子。在一年中一点一点地给出建议和培训，刚起步的教育者可能更能够吸收和应用这些新的知识。例如，在开学第四周讨论成绩单的问题比在开学前就给新教师灌输这个思想要好。作为一名培训师，你的工作是非常重要的。很多新教师都在刚带班的时候遇到各种各样的现实问题，他们可能会头晕脑胀，他们没有在一天一天的实践操作中训练过，可能会在第一个问题出现的时候跌跟头。一名有经验的教育者，就有机会去塑造一位自信成功的教师。

根据“国家培训合作”所说，一个培训师所教授的内容可以分为以下四个方面。记住这些，然后将这些与你培训的学生讨论。

建议：培训师可以提供建议给新教师，使他们能够评估自己的方法并作出最佳选择。

入门：培训师可以领着新教师接受新经验新想法，他们可以将自己培训的学生带到朋友和同事的圈子中去。

维护：培训师可以充当维护者的角色，这取决于你们之间的关系。也就是说，在重要场合，培训师可以站出来为自己的学生说话。

责任：培训师可以帮助受培训者负责任地说出自己的目标，他们可以根据新任教师的目标来检查和评价该教师的进步并给予有帮助的反馈。

培训师的指导原则

◎ 避免对新任教师做出有评判性的行为和话语。

◎ 问一些有指导性的、具体的问题，而不要问概括性的问题，如"你这周过得怎么样"或者"你好吗"，具体的问题包括：

· 你觉得第一天怎么样?

· 你跟父母联系了吗?

· 你的学生符合你课堂的要求吗?

· 你觉得你能控制住班级吗?

◎ 你是否担心会发生这种情况：当你提出一个建议的时候，你的学生并没有立即采用你的建议。可能不是新教师认为你的想法不好，而是他/她事情太多，无法在这一点上作出什么变化。

◎ 当个学生的好朋友是挺好的一件事，但这不应该是你作为培训师的唯一目标。

◎ 少量、适时地提供信息和意见。

◎ 当观察新任教师的时候，要立刻提出快速积极的评价和一个需要改进的方面，剩下的留到你做任职报告时再说。

◎ 允许新教师听听你和关系比较好的家长打电话，并旁听一次你开的家长会，这就使他/她可以看到你是如何处理各种不同的情况并让这位新教师感到鼓舞。

◎ 在讲到一些纸面工作的时候，挑出一个例子与新教师共同完成。

◎ 选择一个时间让新教师观察你一天或一个课段的工作。在此期间内，与主管商量，找人给新人教师代课。

◎ 认真地对待你所扮演的角色，和你的培训对象在一起时要保持教导者的姿态，给一些有益的帮助，而不要随波逐流，随意闲谈。

◎ 当需要的时候，要给予有益的评价，批评之前要先给出一些积极的评价。

◎ 帮助新教师认识并融入其他教职员工的圈子。

反省时刻

想想你跟他人是怎么产生联系的？当你和他人一起工作时是否产生过一些积极的或者消极的反应？为了获取他人更加积极的反应，你在人际交往技巧上作出过哪些改变？你是否认为教师之间的合作是非常重要的？你在学校中是否与他人合作？

不断反省

记日志的概念是我们不断教给学生的，我们通过采取让他们记日志的形式使他们获得更好的写作能力。当然很多年来，记日记或者日志已经被当成一种记录每日想法的方式。这些平时只是简单地记录下来每天干了些什么的日记成为了一种个人反思，在那些已经出版发行的名人日记中体现得非常明显。这些书为我们理解名人的思想提供了途径，我们可以通过印刷出来的书看到他们思想的轨迹。那么我们呢？作为老师，反思是不是教学中的重要部分？事实上，你每天可能都在反思，你会不会在脑海中记下在每节课上哪些行得通，哪些行不通？会不会在下一节课备课时尝试做出一些调整？在每个课段结束的时候，你是否会简单回顾一下，总的来说在具体的课程中哪些行得通，哪些行不通？你是否会利用所得到的信息在大脑中为下学期的课程调整你的态度、计划以及方式？对许多教师来说，时不时地做一些回顾是一个持续的过程，但在一天课程结束，每个人都回家了之后你做了什么？你是怎么样利用每天反思所得到的信息？

抓住你的思想，无论你何时有了关于你的课程或活动进展的想法，就把它记到你的备课方案或者写到一张单独的纸上。一天结束后，简单地标记一下这张纸，再把它粘到你原本的备课计划中。

如果是团队教课，和其他的老师一起教授同样或者相关的课程，那么每天或者每星期保证要在一起做一下同样的反思。搞明白这个课对别的老师来说怎么样？他们是不是用和你不同的方法教授？他们的方法比你的好还是不如你的？目的不是要比较教课方式以做出评论，而是要选择出能够帮助学生的最好的方法，这个方法一般每一年都会发生变化。

坚持记日志，当写下来想法和感觉的时候，就能够更好地分析它们。记录也可以帮助理清在不同问题上的思路和感受，我们从模糊的想法中可以得到我们坚信的具体立场。这些思想一旦在脑海中形成，就可以清晰地与他人交流这些思想了。

如果没有记日志的习惯，那么就试着在你学生离校后写上5~10分钟，这个时候你的记忆还是非常清晰的，让此成为你每日的行程之一并演变为习惯。博客是另一种可以帮助其他老师的每日反省方式。反思，无论是正式的还是非正式的，都可以帮助我们理解并提高我们的教学活动。对于教室中发生的教和学的行为，这是非常重要的。

这里有一些可以帮助你回顾你的教学行为的话题和问题。

◎ 教室：你的教室是否是以一种能激励学生学习的方式布置的？教室的气流对学习有益还是会阻碍学习？教室的装潢会让学生分心还是会激励推动学生的学习？你和你的学生在教室中感觉舒服吗？

◎ 班级事务：你这学期采用的什么条例让你感觉非常有效？哪些需要修改？你将如何改动它们以使它们对你和你的学生更有效？本学期你要加入哪些新的条例？想象每天教室活动和事物的最佳流程。

◎ 与家长交流：你本学期推崇哪种层面的与家长的交流？这些家长是否积极地参加到班级中来？你能否将班级情况充分地反映给家长？和家长通话交谈时最让你感到紧张的是什么？你能做些什么来舒缓紧张的情绪？你还能做什么以鼓励家长更多的参与到班级中来?有需要的时候你是主动给家长打电话还是挂掉电话？家长在教室中对你的反映如何？为了帮助家长给出积极的反映，你能做些什么？

这些只是你每学期结束进行反思并规划下学期的计划时该考虑的一些概括性的问题，我们希望这些问题能在你所教授的所有领域中引发出更多的思考。保持记日志，随手写下你的思想和主意，以帮助你将它们整理成更有条理的参考资料。你会发现这种反思不仅可以帮助你放下以往的包袱，还能让你重新获得能量。

专业发展

教师不断地增长其教课能力是非常重要的，这些往往只是通过校内或者校外的拓展训练获得的。对于我们中一些教课时间长的老师来说，拓展训练就像古老的拉伸器一样，是一种折磨。而一些地方可能领先一些，提供了能激励人的有用的工作室，而有的地方就没这么先进了。然而，专业的发展应该是一时的专业进步和不断的学习构成的，有一些方法可以确保所有的拓展训练都成为宝贵的学习经验。

将学习握在自己手中

记住你是需要从这些信息中获益的人，参加培训时思想要保持开放，要主动地学习。就像我们的学生也需要接受我们教授的知识一样，我们也有需要接受别人教给我们的知识。你永远都不知道自己会从中发现哪种好观点好方法。

上课时不要带着其他可以做的事情

尽管你可能会感到无聊，试一试积极主动地去学习。如果你去工作室时其他什么可做的事情都不带，你就不会在讲课人授课时被其他事情诱惑。当你的思想集中在其他事情上的时候，你无法听课学习。当其他人判试卷的时候，浏览一下课程计划或者做点其他的事情，问问自己："你是否漏掉了课堂上的一些潜在的信息？"

无论是积极的态度还是消极的态度，都是具有传染性的。你想怎样影响周围的人？

寻求有意义的活动和信息

在课程开始之前，和授课者聊聊，要求他或她给出一些实用的方法并将这个信息贯穿在授课中，而不是都堆在最后讲或者只是放在讲义中。如果你让负责的人事先知道你想得到的知识，他或她就可以根据你的要求调整授课。

不要害怕问问题

说出来，如果有些事情让你搞不清楚，那么举起手来问个明白。如果你有问题也不问，那课程不会给你带来任何好处。极有可能你觉得不清楚的时候，其他很多人也觉得不清楚，同样要求老师讲一些该方法实用的例子也是非常好的。不要等到最后再问问题，一有问题就要问。

保持积极的态度

你总是这样对自己的学生说，其实它对我们也同样适用。如果你带着不端正的态度参加拓展训练，也不想学到什么，那你只是浪费了一天。如果你抱着学习的心态和积极的态度参加，你可能获得在下学期非常有用的方法。有时候好点子不是来自于课程本身而是来自于在工作室里的闲谈。

鼓励别人有积极的态度

我们都知道有一些老师喜欢在课程开始之前就坐在后面抱怨培训。这种消极的态度会影响周围的每一个人，在房间中产生连锁反应。你不应该跟着他给出一些消极的评价，而是应该用你的积极态度影响周围的人。你可以试着从他的消极抱怨中找出一些积极的部分并指出，如果什么都不起作用，那就换个座位，别让自己受影响。

给授课者建设性的反馈

如果课程结束后让你感觉非常不好，那么就让授课者知道你觉得哪里不好。不要忘了刚开始要给出一两个积极的评价，一定给出一些解决这些问题的建议。有时候那些做拓展训练的人忘记了怎么做一个好老师，而你的评论可以帮助他人在以后给出更好的拓展训练。也许有一天自己也会给一群老师上课，并希望他们给出有效的反馈。

拓展教育时使用额外的资源

许多组织都会通过网页、博客、聊天室或者视频提供短期培训，大学也有继续教育的在线课程，当你寻求终身教育时，不要忘了这些有用的网站。

经验分享

如果你在授课过程中有什么问题，但是觉得打断授课人不方便，那么就把问题写到索引卡片上。然后在合适的时候，你不会忘记想要问的问题。

知识渊博，反应灵活

教学是一项需要不断变化和运动的专业，可能一个即时信息就要让你去开学校会议而影响了课程。学生的思想和行为往往是不可预知的，这就意味着你必须准备好处理各种情形。反应灵活也意味着能够在必要的时候使用手边的资源，例如，如果艺术老师迟了十分钟让学生进教室，那么你将会怎么处理那些站在走廊上的学生呢？你将会使用哪些无声的指导性的动作来维持秩序？同样，本来这段时间是用来备课的，现在少了十分钟，你怎么处理自己的备课计划呢？如果忽然要召开一次运动会的动员大会或者别的会议，那将会给你的备课带来怎么样的影响？你将会对你的学生提出怎样的要求来弥补失去的时间？你是否会重新计划时间以弥补损失？

像以上的那些情况会导致严重的挫折和压力。事实上，一个老师的专业生涯充满了各种有压力的事情。我们最近加入了一项拓展训练，这次训练的授课者说："压力使人变笨。"他的意思是当你在一种压力的状态中工作，你就无法表现出自己的最好水平。以下是一些舒缓压力的方法以及其他能够帮助你的策略。

离开一会儿

当学生需要休息一下、冷静冷静的时候，就会给他时间让他出去走走，然后再回到任务中来。为什么给时不时地给一点时间离开一会儿吗？当你感觉在衣领下很热的时候，你就需要一点时间离开一会儿了。从工作中离开一会儿，到走廊上然后调整自己，将会发现即使只是离开了一小段距离，血压就会下降，也会对原来的情况有新的认识。

为自己留点时间

生命不是要把全部时间都花在批改作业上，你需要给自己留点时间。一周至少一次把作业留在学校，让自己找点开心的事情做：去看场电影、参加一次快乐时间、逛逛商场或者去健身房。生活中远远不仅只有教书，而作业是永远改不完的。

建立一个目标，然后疼疼自己

为自己设定一个目标，如"下周我要备课"。当你完成了目标之后，就疼疼自己：洗个热水澡，出去吃顿大餐，或者吃份美味的甜点。尽管这些事情可能你现在也时不时地做，但是如果你完成了至少一个目标之后再去做，感觉会更好。

五分钟练习

如果觉得特别有压力，就试试以下的练习。

◎ 慢慢地数到十。奇数时深深地吸气，偶数时缓缓地呼气。

◎ 从头到脚地收紧身体，然后慢慢地放松身体中的肌肉，从脚趾开始，然后到脖子和肩膀的肌肉。

◎ 做一些简单的转圈的肌肉拉伸运动，拉伸腰部、脚踝和脖子。

◎ 闭上眼睛，想象一个让你感到开心和放松的地方，当感到有压力的时候将这个影像放在脑海中。

◎ 冥想一会儿可以帮助人达到平静的状态。

在困难的情况中工作

有时候可能会在工作中碰到非常困难的情况，无论是私人矛盾还是对于教学有了不同的意见，你最好是保持专业的举止，以下有一些建议。

◎ 具有外交性。

◎ 通过沉思和妥协解决问题。

◎ 尊重其他老师或者领导的经验和知识，即使你不是真的同意他的看法。

◎ 当你和他们接触或合作的时候要谦卑。

◎ 记下与那种思想开放的人交流的内容，不要存有假设，这会进一步使情况更复杂。换句话说，不要让一时生气的火星转化为愤怒的地狱。

积极态度的力量

我们戴着玫瑰色的眼镜加入这个职业，但是那种美妙的眼镜很快就会消失。很多新任的教师都会碰到一段幻想破灭期，大约是在教书第一年的11月份到次年的3、4月份。随着一年慢慢过去，越来越多的时间会花在确定作业要求、参看地区政策、参加无休止的会议、准备考试，还有其他一些看起来和教学没什么关系的事情上。

幻想的破灭也来自于同事或者领导，他们不符合期望。无论怎样，这都可能逐渐演化为自我的怀疑，以及对从事这个职业的质疑。这种理想的破灭也可能发生在干了很多年的教师身上，一年又一年，教师可能会被加以更多的制度和要求，让他们感到很受挫折。对于你们中有这种感觉的人，我们的第一个评价就是："你们会有很大的不同。"

当感到灰心郁闷，并且思考自己为什么要放弃那么多时间和精力的时候，就想想抬头看着你的孩子或者是那个好不容易开始融入班级的少年。他们需要一个稳定持续的教师，需要一个无论发生什么事都会关心他们的人。他们需要像你这样的教师，为了他们会放弃自己的时间去寻找提高的方法、完善课程或将新的思想带到班级中去。不要妥协于挫败感和无助感，不是无助的，可以每天做一点小改变，尽管效果不会立即显现。

教师不仅可以在自己的教室中让自己学生的生活发生一些改变，还可以让同事、领导以及全校的学生的生活都发生一些变化。当你面对困境时，永远做对的事情。得不到帮助吗？那么就找到学校中需要帮助的人，尽力地帮助他，做个好榜样，让别人看看该怎样给予帮助。

领导是不是总是派发一些额外的活?那么就以快乐的心态去做那些事情吧，如果有能力的时候再多做一些，快乐的付出可以帮助我们愉悦心情，这种好心情会像野火一样蔓延开。为他人做个好榜样，是不是有消极的同事？这个人每做一个消极的评价，就给出一个积极的评价。如果对同事的生活产生了积极的影响，也就意味着对他们的学生的生活也产生了积极的影响。是不是能够看到立竿见影的效果？未必。那你能否看到改变？一定可以。

当无法控制他人的态度时，可以控制自己的态度。在床头柜、文件柜、卫生间镜子以及其他可以看到的地方贴一个塑料卡片，上面写着："我每天改变着成千上万的孩子的生活，我要对周围的每一个人有积极的影响，我要以一颗快乐的心向每一天、各种任务和挑战问候。"当情绪不好时读读这个，记住真的很重要。可以选择对这个世界要产生积极影响还是消极影响，我们大部分人都选择要产生尽可能多的积极影响，这些卡片可以帮助我们记住这个目标并做最该做的事情。

这就像教书一样，它需要努力和坚持。但是对于我们来说，所得回报也是非常值得这些付出的。你必须要自己明确一点：一个积极的工作环境和学习环境所带来的潜在回报值得我们为之做出努力，那就是面对任何情况都保持乐观的心态，每天都快快乐乐会成为一项习惯而不是艰难的任务了。你也会注意到你周围的人也很快乐，消极态度在逐渐消退。

做个试验，仔细考虑一下现在困扰你的是什么，然后问问自己这个难题中有多少是你的态度引起的。这不是一个容易问的问题，有多少成分是因为每个人都无法阻止地受到周围人消极情绪的影响呢？你是否继续愿意让他人的情绪控制你自己的情绪，影响你对生活和教课的态度呢？这些都是你要问自己的重要问题。

史蒂芬·柯维1989年的书《高效能人士的七个习惯》（中国青年出版社出版）探讨了每个人在生活中所受到的周围人的影响。这是一本非常好的书，我们强烈推荐每一位教师读一读，因为我们不仅影响着我们的家人和新同事，我们还通过我们教授的课程影响着数千数万的学生，而这些学生又会影响他们周围的人，这个圈子在不断地扩大。

反省时刻

你在一学年中为自己做了些什么？你有没有给自己留点时间，离开学校的要求，放松自己？你是怎样放松的？如果你没有这么做，为什么？你可以做些什么来让放松成为生活中的头等大事？

出色的教师

许多教师都在辛勤地工作，但是我们要问：那怎么分辨出出色的教师？我们在这本书的最后来稍微思考一下，一个出色的教师应该具备以下的素质和行为。

◎ 灵活机动

◎ 决心坚定

◎ 持之以恒

◎ 幽默风趣

◎ 充满信心

◎ 领导风度

◎ 积极的人际交往技巧

一个好的老师可以随便从书中拿出点什么来讲，而一位出色的教师教给学生如何学习，让班级中的每一个人都成为终生的学习者。

一个出色的教师：

◎ 和学生、家长及其他教师建立良好关系。

◎ 是一个具有人类行为的学生，运用已有经验来研究如何让学生做对题。

◎ 关注学生而非内容，让学生理解内容。

◎ 知道他或她同样需要从学生身上学东西，就向学生像他或她学习一样。

◎ 让每个学生都成为主体而非观摩者。

◎ 学生离开学校后，该教师还会深深地留在学生记忆中。

我们都在脑海中存有被我们评为出色的教师的形象，我们记得那些用鼓励的话语支持我们的教师，那些当其他人不信任我们时给我们机会相信我们的教师，那些花时间让我们学的知识变得有意义的教师。

教书不仅仅是事实和基本技巧的传承，它是一个机会，可以为他人打开新视角、分享学习激情、抓住那些好像抓不住的东西，然后看到真正出色的显现 。这就是我们在这里的原因。

就像生活中其他的东西，教书是一个旅程。一些人可能走得快些，但是我们都在朝着共同的目标努力，努力成为走进我们教室的那些孩子生命中出色的教师。我们鼓励教师花点时间想出至少一个方法，能够继续向着这个目标前进，最后带的班级将会充满闪耀的光芒，点燃学习的火花。

反省时刻

在你的脑海中，什么样的教师是出色的教师？过去你生命中的那个出色的教师是谁？

结　语

教书是一个有压力、高强度、不可预知的困难工作，它背负着沉重的负担。但是如果你端正态度，下定决心，讲究方法，那么教书就会成为世界上最有回报的职业。要做到以上几点非常困难，却也让人激动，充满着挑战和乐趣。它一定不会让你觉得乏味，它是一个很美妙的工作，如果态度好那一切会变得更好。另外，我们作为教育专家，可以改变大众对当教师的看法。从18世纪早期开始，教师就一直被看成是高级保姆，现在必须要改变人们的这种观点了，而且要靠我们自己。记住，你表现得越专业，别人就会越尊重你。

"常青藤"书系—中青文教师用书总目录

	书名	书号	定价
	特别推荐——从优秀到卓越系列		
★	从优秀教师到卓越教师：极具影响力的日常教学策略（入选浙江省教师节用书）	9787515312378	33.80
★	从优秀教学到卓越教学：让学生专注学习的最实用教学指南	9787515324227	39.90
★	从优秀学校到卓越学校：他们的校长在哪些方面做得更好	9787515325637	33.80
★	卓越课堂管理（中国教育新闻网2015年度"影响教师的100本书"）	9787515331362	68.00
	名师新经典/教育名著		
★	马文·柯林斯的教育之道：通往卓越教育的路径（两度拒任美国教育部长的当代传奇教师。朱永新倾情作序，李希贵、哈佛大学幸福课沙哈尔、斯坦福大学德韦克教授力荐）	9787515355122	49.80
	如何当好一名学校中层：快速提升中层能力、成就优秀学校的31个高效策略	9787515346519	29.00
	像冠军一样教学：引领学生走向卓越的62个教学诀窍	9787515343488	49.00
	像冠军一样教学2：引领教师掌握62个教学诀窍的实操手册与教学资源	9787515352022	68.00
★	如何成为高效能教师（美国最畅销教师用书，销量超过350万册，教师培训第一书）	9787515301747	89.00
★	给教师的101条建议（第三版）(《中国教育报》"最佳图书"奖）	9787515342665	33.00
★	改善学生课堂表现的50个方法（入选《中国教育报》"影响教师的100本书"）	9787500693536	33.00
	改善学生课堂表现的50个方法操作指南：小技巧获得大改变	9787515334783	29.00
★	优秀教师一定要知道的17件事（美国当前最有影响教育畅销书作者全新力作）	9787515342726	23.00
	美国中小学世界历史读本/世界地理读本/艺术史读本	9787515317397等	106.00
	美国语文读本1-6	9787515314624等	252.70
	和优秀教师一起读苏霍姆林斯基	9787500698401	27.00
	快速破解60个日常教学难题	9787515339320	33.00
★	美国最好的中学是怎样的——让孩子成为学习高手的乐园	9787515344713	28.00
	建立以学习共同体为导向的师生关系：让教育的复杂问题变得简单	9787515353449	33.80
	教师成长/专业素养		
	从实习教师到优秀教师	9787515358673	39.90
	像领袖一样教学：改变学生命运，使学生变得更好（中国教育新闻网2015年度"影响教师的100本书"）	9787515355375	49.00
	你的第一年：新教师如何生存和发展	9787515351599	33.80
	教师精力管理：让教师高效教学，学生自主学习	9787515349169	28.00
	如何使学生成为优秀的思考者和学习者：哈佛大学教育学院课堂思考解决方案	9787515348155	39.80
	反思性教学：一个已被证明能让所有教师做到最好的培训项目（30周年纪念版）	9787515347837	49.00
★	凭什么让学生服你：极具影响力的日常教育策略（中国教育新闻网2017年度"影响教师的100本书"）	9787515347554	28.00
	运用积极心理学提高学生成绩（中国教育新闻网2017年度"影响教师的100本书"）	9787515345680	39.80

书名	书号	定价
可见的学习与思维教学：让教学对学生可见，让学习对教师可见（中国教育报2017年度“教师最喜爱的100本书”）	9787515345000	29.80
可见的学习与思维教学：成长型思维教学的54个教学资源：教学资源版	9787515354743	36.00
教学是一段旅程：成长为卓越教师你一定要知道的事	9787515344478	39.00
安奈特·布鲁肖写给教师的101首诗	9787515340982	35.00
万人迷老师养成宝典学习指南	9787515340784	28.00
中小学教师职业道德培训手册：师德的定义、养成与评估	9787515340777	32.00
成为顶尖教师的10项修炼（中国教育新闻网2015年度“影响教师的100本书”）	9787515334066	35.00
T. E. T. 教师效能训练：一个已被证明能让所有年龄学生做到最好的培训项目（30周年纪念版）（中国教育新闻网2015年度“影响教师的100本书”）	9787515332284	39.00
教学需要打破常规：全世界最受欢迎的创意教学法（中国教育新闻网2015年度“影响教师的100本书”）	9787515331591	33.00
10天卓越教师自我培训（教育家安奈特·布鲁肖顶尖卓越教师培训教材）	9787515329925	29.00
给幼儿教师的100个创意：幼儿园班级设计与管理 / 为幼升小做准备	9787515330310等	58.00
给小学教师的100个创意：发展思维能力	9787515327402	29.00
给中学教师的100个创意： 如何激发学生的天赋和特长 / 杰出的教学 / 快速改善学生课堂表现	9787515330723等	87.90
以学生为中心的翻转教学11法	9787515328386	29.00
如何使教师保持职业激情	9787515305868	29.00
如何培训高效能教师：来自全美权威教师培训项目的建议	9787515324685	32.00
良好教学效果的12试金石：每天都需要专注的事情清单	9787515326283	29.90
让每个学生主动参与学习的37个技巧	9787515320526	28.00
给教师的40堂培训课：教师学习与发展的最佳实操手册	9787515352787	39.90
提高学生学习效率的9种教学方法	9787515310954	27.80
优秀教师的课堂艺术：唤醒快乐积极的教学技能手册	9787515342719	26.00
万人迷老师养成宝典（第2版）（入选《中国教育报》“2010年影响教师的100本书”）	9787515342702	29.00
高效能教师的9个习惯	9787500699316	23.00
好老师可以避免的20个课堂错误（入选《中国教育报》“2010年影响教师的100本书”）	9787500688785	21.50
课堂教学/课堂管理		
课堂提问的技术与艺术	9787515358925	49.00
如何在课堂上实现卓越的教与学	9787515358321	49.00
基于学习风格的差异化教学	9787515358437	39.90
如何在课堂上提问：好问题胜过好答案	9787515358253	39.00
高度参与的课堂：提高学生专注力的沉浸式教学	9787515357522	39.90
让学习变得有趣	9787515357782	39.00

书名	书号	定价
如何利用学校网络进行项目式学习和个性化学习	9787515357591	39.90
基于问题导向的互动式、启发式与探究式课堂教学法	9787515356792	49.00
如何在课堂中使用讨论：引导学生讨论式学习的60种课堂活动	9787515357027	38.00
如何在课堂中使用差异化教学	9787515357010	39.90
如何在课堂中培养成长型思维	9787515356754	39.90
每一位教师都是领导者：重新定义教学领导力	9787515356518	39.90
教室里的1-2-3魔法教学：美国广泛使用的从学前到八年级的有效课堂纪律管理	9787515355986	39.90
如何在课堂中使用布卢姆教育目标分类法	9787515355658	39.00
如何在课堂上使用学习评估	9787515355597	39.00
7天建立行之有效的课堂管理系统：以学生为中心的分层式正面管教	9787515355269	29.90
积极课堂：如何更好地解决课堂纪律与学生的冲突	9787515354590	38.00
设计智慧课堂：培养学生一生受用的学习习惯与思维方式	9787515352770	39.00
追求学习结果的88个经典教学设计：轻松打造学生积极参与的互动课堂	9787515353524	39.00
从备课开始的100个课堂活动设计：创造积极课堂环境和学习乐趣的教师工具包	9787515353432	33.80
老师怎么教，学生才能记得住	9787515353067	48.00
多维互动式课堂管理：50个行之有效的方法助你事半功倍	9787515353395	39.80
智能课堂设计清单：帮助教师建立一套规范程序和做事方法	9787515352985	49.90
提升学生小组合作学习的56个策略：让学生变得专注、自信、会学习	9787515352954	29.90
快速处理学生行为问题的52个方法：让学生变得自律、专注、爱学习	9787515352428	39.00
王牌教学法：罗恩·克拉克学校的创意课堂	9787515352145	39.80
让学生快速融入课堂的88个趣味游戏：让上课变得新颖、紧凑、有成效	9787515351889	39.00
★ 如何调动与激励学生：唤醒每个内在学习者（李希贵校长推荐全校教师研读）	9787515350448	39.80
合作学习技能35课：培养学生的协作能力和未来竞争力	9787515340524	45.00
基于课程标准的STEM教学设计：有趣有料有效的STEM跨学科培养教学方案	9787515349879	68.00
如何设计教学细节：好课堂是设计出来的	9787515349152	39.00
15秒课堂管理法：让上课变得有料、有趣、有秩序	9787515348490	33.80
混合式教学：技术工具辅助教学实操手册	9787515347073	39.80
从备课开始的50个创意教学法	9787515346618	29.00
中学生实现成绩突破的40个引导方法	9787515345192	33.00
给小学教师的100个简单的科学实验创意	9787515342481	39.00
老师如何提问，学生才会思考	9787515341217	33.80
教师如何提高学生小组合作学习效率	9787515340340	29.00
卓越教师的200条教学策略	9787515340401	35.00
中小学生执行力训练手册：教出高效、专注、有自信的学生	9787515335384	33.80

书名	书号	定价
从课堂开始的创客教育：培养每一位学生的创造能力	9787515342047	33.00
提高学生学习专注力的8个方法：打造深度学习课堂	9787515333557	35.00
改善学生学习态度的58个建议	9787515324067	25.00
★ 全脑教学（中国教育新闻网2015年度“影响教师的100本书”）	9787515323169	38.00
★ 全脑教学与成长型思维教学：提高学生学习力的92个课堂游戏	9787515349466	39.00
★ 哈佛大学教育学院思维训练课	9787515325101	36.00
完美结束一堂课的35个好创意	9787515325163	28.00
如何更好地教学：优秀教师一定要知道的事（被英国教育界奉为圣经的教学用书）	9787515324609	36.00
带着目的教与学	9787515323978	28.00
★ 美国中小学生社会技能课程与活动（学前阶段/1-3年级/4-6年级/7-12年级）	9787515322537等	153.80
彻底走出教学误区：开启轻松智能课堂管理的45个方法	9787515322285	28.00
破解问题学生的行为密码：如何教好焦虑、逆反、孤僻、暴躁、早熟的学生	9787515322292	36.00
13个教学难题解决手册	9787515320502	28.00
★ 让学生爱上学习的165个课堂游戏	9787515319032	39.00
美国学生游戏与素质训练手册：培养孩子合作、自尊、沟通、情商的103种教育游戏	9787515325156	36.00
老师怎么说，学生才会听	9787515312057	28.00
快乐教学：如何让学生积极与你互动（入选《中国教育报》“影响教师的100本书”）	9787500696087	29.00
★ 老师怎么教，学生才会提问	9787515317410	29.00
★ 快速改善课堂纪律的75个方法	9787515313665	28.00
★ 教学可以很简单：高效能教师轻松教学7法	9787515314457	39.00
★ 好老师应对课堂挑战的25个方法（《给教师的101条建议》作者新书）	9787500699378	25.00
★ 好老师激励后进生的21个课堂技巧	9787515311838	23.80
★ 开始和结束一堂课的50个好创意	9787515312071	29.80
好老师因材施教的12个方法（美国著名教师伊莉莎白“好老师”三部曲）	9787500694847	22.00
★ 如何打造高效能课堂（美国《学习》杂志“教师必选”奖，“激励教师组织”推荐书目）	9787500680666	29.00
合理有据的教师评价：课堂评估衡量学生进步	9787515330815	29.00
班主任工作/德育		
★ 北京四中8班的教育奇迹	9787515321608	36.00
★ 师德教育培训手册	9787515326627	29.80
中小学教师职业道德培训手册：师德的定义、养成与评估	9787515340777	32.00
★ 好老师征服后进生的14堂课（美国著名教师伊莉莎白“好老师”三部曲）	9787500693819	25.00
优秀班主任的50条建议：师德教育感动读本（《中国教育报》专题推荐）	9787515305752	23.00
学校管理/校长领导力		
重新设计一所好学校：简单、合理、多样化地解构和重塑现有学习空间和学校环境	9787515356129	49.00

书名	书号	定价
让樱花绽放英华	9787515355603	79.00
学校管理者平衡时间和精力的21个方法	9787515349886	29.90
校长引导中层和教师思考的50个问题	9787515349176	29.00
如何定义、评估和改变学校文化	9787515340371	29.80
优秀校长一定要做的18件事（入选《中国教育报》“2009年影响教师的100本书”）	9787515342733	26.00
学科教学/教科研		
美国学生写作技能训练	9787515355979	39.90
《道德经》妙解、导读与分享（诵读版）	9787515351407	49.00
京沪穗江浙名校名师联手教你：如何写好中考作文	9787515356570	49.90
京沪穗江浙名校名师联手授课：如何写好高考作文	9787515356686	49.80
★ 人大附中中考作文取胜之道	9787515345567	39.80
★ 人大附中高考作文取胜之道	9787515320694	33.80
★ 人大附中学生这样学语文：走近经典名著	9787515328959	33.80
四界语文（中国教育报2017年度“教师喜爱的100本书”）	9787515348483	49.00
让小学一年级孩子爱上阅读的40个方法	9787515307589	39.90
让学生爱上数学的48个游戏	9787515326207	26.00
轻松100 课教会孩子阅读英文	9787515338781	88.00
情商教育/心理咨询		
9节课，教你读懂孩子：妙解亲子教育、青春期教育、隔代教育难题	9787515351056	39.80
★ 学生版盖洛普优势识别器（独一无二的优势测量工具）	9787515350387	169.00
与孩子好好说话（获“美国国家育儿出版物（NAPPA）金奖”，沟通圣经）	9787515350370	39.80
中小学心理教师的10项修炼	9787515309347	36.00
★ 别和青春期的孩子较劲（增订版）（入选《中国教育报》“2009年影响教师的100本书”）	9787515343075	28.00
★ 100条让孩子胜出的社交规则	9787515327648	28.00
守护孩子安全一定要知道的17个方法	9787515326405	32.00
幼儿园/学前教育		
美国儿童自然拼读启蒙课：至关重要的早期阅读训练系统	9787515351933	49.80
幼儿园30个大主题活动精选：让工作更轻松的整合技巧	9787515339627	39.80
★ 美国幼儿教育活动大百科：3-6岁儿童学习与发展指南用书 科学 / 艺术 / 健康与语言 / 社会	9787515324265等	600.00
蒙台梭利早期教育法：3-6岁儿童发展指南（理论版）	9787515322544	29.80
蒙台梭利儿童教育手册：3-6岁儿童发展指南（实践版）	9787515307664	25.00
★ 自由地学习：华德福的幼儿园教育	9787515328300	29.90
赞美你：奥巴马给女儿的信	9787515303222	19.90

书名	书号	定价
史上最接地气的幼儿书单	9787515329185	39.80
教育主张/教育视野		
培养改变世界的学习者：美国最好的教育给我们的启示	9787515356877	39.90
教出阅读力	9787515352800	39.90
为学生赋能：当学生自己掌控学习时，会发生什么	9787515352848	33.00
如何用设计思维创意教学：风靡全球的创造力培养方法	9787515352367	39.80
如何发现孩子：实践蒙台梭利解放天性的趣味游戏	9787515325750	32.00
如何学习：用更短的时间达到更佳效果和更好成绩	9787515349084	49.00
教师和家长共同培养卓越学生的10个策略	9787515331355	27.00
★ 如何阅读：一个已被证实的低投入高回报的学习方法	9787515346847	39.00
★ 芬兰教育全球第一的秘密（珍藏版）（《中国教育报》等主流媒体专题推荐）	9787515342610	28.00
世界最好的教育给父母和教师的45堂必修课（《芬兰教育全球第一的秘密》2）	9787515342696	28.00
★ 杰出青少年的7个习惯（精英版）（中小学图书馆推荐书目、中国青少年必读书目）	9787515342672	39.00
杰出青少年的7个习惯（成长版）	9787515335155	29.00
★ 杰出青少年的6个决定（领袖版）（中小学图书馆推荐书目、中国青少年必读书目、全国优秀出版物奖）	9787515342658	28.00
★ 7个习惯教出优秀学生（第2版）（全球第一畅销书《高效能人士的七个习惯》教师版）	9787515342573	29.00
学习的科学：如何学习得更好更快（入选中国教育网2016年度“影响教师的100本书”）	9787515341767	39.80
杰出青少年构建内心世界的5个坐标（中国青少年成长公开课）	9787515314952	59.00
★ 跳出教育的盒子（第2版）（美国中小学教学经典畅销书）	9787515344676	35.00
夏烈教授给高中生的19场讲座（入选《中国教育报》“2013年最受教师欢迎的100本书”）	9787515318813	29.90
★ 学习之道：美国公认经典学习书	9787515342641	39.00
★ 翻转学习：如何更好地实践翻转课堂与慕课教学（中国教育新闻网2015年度“影响教师的100本书”）	9787515334837	32.00
★ 翻转课堂与慕课教学：一场正在到来的教育变革	9787515328232	26.00
翻转课堂与混合式教学：互联网+时代，教育变革的最佳解决方案	9787515349022	29.80
翻转课堂与深度学习：人工智能时代，以学生为中心的智慧教学	9787515351582	29.80
★ 奇迹学校：震撼美国教育界的教学传奇（中国教育新闻网2015年度“影响教师的100本书”）	9787515327044	36.00
★ 学校是一段旅程：华德福教师1-8年级教学手记	9787515327945	32.00
★ 高效能人士的七个习惯（30周年纪念版）（全球畅销书）	9787515350585	79.00